中央财经大学中央高校基本科研业务费专项资金资助

Supported by the Fundamental Research Fund for the Central University, CUFE

社会养老保险财务平衡自动调整机制研究

周渭兵　著

中国财经出版传媒集团

中国财政经济出版社

图书在版编目（CIP）数据

社会养老保险财务平衡自动调整机制研究 / 周渭兵著. --北京：中国财政经济出版社，2023.1
ISBN 978-7-5223-1823-3

Ⅰ. ①社… Ⅱ. ①周… Ⅲ. ①社会养老保险-财政收支-研究-中国 Ⅳ. ①F842.612

中国版本图书馆 CIP 数据核字（2022）第 250107 号

责任编辑：康 苗　　责任校对：胡永立
封面设计：孙俪铭　　责任印制：史大鹏

社会养老保险财务平衡自动调整机制研究
SHEHUI YANGLAO BAOXIAN CAIWU PINGHENG ZIDONG
TIAOZHENG JIZHI YANJIU

中国财政经济出版社 出版

URL：http：//www.cfeph.cn
E-mail：cfeph@cfeph.cn

社址：北京市海淀区阜成路甲 28 号 邮政编码：100142
营销中心电话：010-88191522
天猫网店：中国财政经济出版社旗舰店
网址：https：//zgczjjcbs.tmall.com
北京财经印刷厂印刷 各地新华书店经销
成品尺寸：170mm×240mm 16 开 9 印张 150 000 字
2023 年 1 月第 1 版 2023 年 1 月北京第 1 次印刷
定价：40.00 元
ISBN 978-7-5223-1823-3
（图书出现印装问题，本社负责调换，电话：010-88190548）
本社质量投诉电话：010-88190744
打击盗版举报热线：010-88191661 QQ：2242791300

前　言

党的十八届三中全会首次将“养老保险要坚持精算平衡”写入全会《决定》，国家“十三五”规划纲要又进一步强调完善社会保险体系要“坚持精算平衡”，可见在中国开展对社会养老保险财务平衡的精算管理对于促进社会养老保险长期可持续性发展具有多么重要的意义。而要实现社会养老保险财务精算平衡，首先必须在对社会养老保险财务可持续性进行精算评估的基础上，建立财务平衡自动调整机制。

建立社会养老保险财务平衡自动调整机制（以下称“自动调整机制”）可以有效规避养老金改革中可能遇到的政治干扰和信用风险，使国家能及时采取一系列措施重建社会养老保险系统的财务平衡、可持续性和偿债能力。因此，自20世纪80年代以来，国际学术界就开始研究如何建立规避政治风险的稳定的自动调整机制。21世纪初，瑞典最早设计了一个能使其名义账户实现自动财务平衡的机制，有效解决了养老金因资产和负债不匹配而造成的养老金财务上的失衡状况。之后的10多年间，加拿大、日本、芬兰、德国等国家纷纷建立了基于人口因素和收支精算报告的有差异的稳定的自动调整机制。

引入自动调整机制是一个制度创新和国际趋势，但对于我国学术界来说是一个新课题。本书旨在建立具有中国特色的社会养老保险财务平衡自动调整机制，以便及时、有效地应对中国社会养老保险制度面临的财务不平衡风险。本书的研究内容包括以下五个部分：

第一部分绪论。分析国内外相关研究现状，进一步说明本文研究的独到学术价值和应用价值。对国内外相关研究的学术史进行简单梳理。阐述本文的研究目标、主要内容、突破重点及研究难点。

第二部分是国外社会养老保险财务平衡自动调整机制研究，即第二章。在简要介绍和分析国外社会养老保险财务平衡自动调整机制建立的历史进程及原因、社会养老保险财务平衡自动调整机制的组成及分类的基础上，提出社会养老保险财务平衡自动调整机制设计与运行要关注的问题。

第三部分是我国社会养老保险待遇调整机制分析，即第三章。首先分析我国养老保险制度现状及面临的风险，阐述我国社会养老保险养老金待遇调整进程，对现有政策存在的问题进行评价，最后以城镇企业职工基本养老保险制度为例对现阶段我国养老金待遇调整政策及其实施效果进行精算评估。

第四部分是我国社会养老保险自动调整机制的设计与实施效果测算分析，即第四章。首先阐明建立社会养老保险财务平衡自动调整机制在当前中国具有迫切性，提出建立我国社会养老保险自动调整机制的基本原则，进而设计出五套中国社会养老保险财务平衡自动调整机制的方案，随后以城镇企业职工基本养老保险制度为例对自动调整机制设计方案的实施效果进行测算，最后对新设计方案实施效果作了分析。

第五部分是研究结论与政策建议，即第五章。在理论分析和实证经验的基础上得出本书的研究结论，进而提出建立中国社会养老保险财务平衡自动调整机制的建议。

本书出版的意义主要体现在以下三个方面：第一，本书是国内第一部关于社会养老保险财务平衡自动调整机制的专著。通过对自动调整机制及其机理进行较系统的研究，为进一步开展我国社会养老保险财务平衡自动调整机制的研究，丰富了基础理论和方法。第二，本书通过对中国特色的社会养老保险自动调整机制较为系统的研究，为我国养老保险自动调整机制提供了一个学术界可以进一步研究、参考和评论的中国模式。第三，在实证方法上具有创新性。对我国养老保险自动调整机制的研究，必然涉及中国人口结构分析、养老保险收支平衡模型的建立、政策实施后的效果分析等。本书采用人口分析方法、精算模型以及模拟分析等方法。从方法上看，应用一些不常用的模型和方法进行新的分析尝试，有利于促进社会保障领域的计量研究。

保持社会养老保险财务的长期平衡是社会养老保险管理的核心，而建立自动调整机制是确保社会养老保险长期平衡的关键。本书基于国家加强社会养老保险财务平衡精算管理的需求，希望能够给国内外相关领域的研究者以及国家社会保障管理部门带来一定的帮助和启示，亦可作为高校经管类读物。

由于作者水平有限，书中疏漏与不足在所难免，敬请各位专家、读者批评指正。

作者

2022 年 12 月

目录

第一章 绪 论

第一节 国内外研究概况

一、国内外相关研究的学术史梳理

自20世纪70年代以来，在人口老龄化、经济衰退等外部因素的影响下，世界各国的养老保险制度出现了严峻的财务危机。学术界开始探讨确保养老保险可持续性的方法，1982年曾任美国社会保障全国改革委员会主席的Robert J. Myers（1982）第一次提出现收现付制养老金自动平衡机制的概念，受到学术界的关注。人们从养老保险收支平衡面临的风险以及如何规避这些风险着手，开始研究影响养老金收支平衡的因素以及如何建立规避政治风险的稳定的养老保险平衡自动调整机制。

在实践中，为了减轻政府的财政负担，确保养老保险制度的可持续性，各国纷纷进行改革，既包括结构性改革，也包括参量式改革。瑞典于1994年进行了制度创新，在公共养老保险制度中，引入了名义账户制，成为世界各国养老保险制度改革的典范（李菁，2010）。2001年，瑞典当局根据以上特征设计了一个能使其名义账户实现自动财务平衡的机制，称其为“自动平衡机制”（Salvador Valdes－Pirietoa，2003），有效地解决了因养老金资产和负债不匹配而造成的养老金财务上的失衡状况，在养老金资产和负债之间架起一座桥梁，既增强了财务上的稳定性，又在财务上实现了养老金的可控性和可调节性（陈澄，2011）。作为“瑞典模式”亮点之一的自动平衡机制的基本原理扩散到各个不同国家的不同的养老保险制度中，很多国家的学者如美国的 Auerbach and Lee（2006）、日本的 Ono（2007）、芬兰的 Lassila and Valkonen（2007）、德国的 Ferh and Habermann（2006）和墨西哥的 Robalino and Bodor（2008）开始研究在本国应用自动调节机制。值得一提的是，在过去的 10 多年间，加拿大、日本、芬兰、德国等已经建立了基于人口因素和收支精算报告的有差异的稳定的养老保险自动调整机制。

国外学者多年来对养老保险财务平衡自动调整机制的理论和设计模式的研究成果以及发达国家 10 多年的实践经验和教训为本书的研究提供了基本理论、可参考的研究方法和研究视野。

二、国内外研究动态

养老保险自动平衡机制是通过法律预先设定的一系列对养老保险偿债能力或可持续指标及时作出反应的措施和办法。其目的就是通过连续的运用，以重建现收现付制养老保险的财务平衡，最终实现在不频繁修改法律制度的情况下，实现系统的正常运作（Carlos Vidal - Melia，2009；Billing，2009）。换句话说，就是通过在计划期间采取一系列非政治化措施对缴费确定性现收现付制养老保险进行有效管理，以确保更大的代际公平，重建系统的财务平衡、可持续性和偿债能力。自动调整机制的触发条件、实施过程与成本分担是透明的，具有调整幅度小、频率高、可预见、能规避政治风险等优点（Turner，2007）。设立这种机制的目的是保证及时、有效地应对经济形势和人口结构动态变化带来的财务风险。其中，人口结构的变化主要反映在生育率、死亡率、预期寿命、净迁入率和劳动参与率上，经济环境的变化主要反映在工资增长率、通货膨胀率、资本市场收益率上（米海杰、王晓军，2014）。

（一）国外研究动态

自 20 世纪 90 年代以来，国外相关研究主要集中在以下几个方面：

1. 养老保险面临的风险与建立自动调整机制的必要性

Diamond（1994）认为现收现付制的待遇确定型养老保险制度面临一个主要的风险就是政治风险，并对政治风险进行了定义：政治家在其传统任期内（一般为 4 年）会依据其政治主张采取一些对社会保险进行改革的措施，而这远远短于养老保险的计划期（一般几十年），从而引起社会保险财务的不稳定。Besley and Prat（2005）认为公共养老保险的另一个大问题就是由于事先的养老金待遇承诺经常难以得到兑现，缺乏形成一个对于缴费者和养老金领取者值得信任的制度框架，也就是面临十分严重的信用问题（Boeri et al, 2001）。根据 Penner and Steuerle（2007）的论证，自动调节机制由于采用非政治管理手段，最大限度地减少了养老金制度决策中的政治过程，具有明显优势：一是当偿债指标出现问题时，机制调节马上触发；二是政治家只需要将“确保养老保险财务偿债能力”写进法律，而不需要通过立法来减少养老金支出，机制就可以自动恢复养老保险财务偿债能力；三是政治家有选择暂停“机制调节”的权利，以显示政府的慷慨。

2. 自动调整机制的设计

在设计原则方面，Andrews（2009）根据加拿大、日本、瑞典的相关经验，从精算平衡与公平性的角度指出设计自动调整机制时应遵循的 5 条基本原则：①应将影响现金流入和流出的因素直接联系起来；②在评估调整负担在不同人群间分摊的公平性时，应根据参与者的类别分别考虑其期望效用的变动情况；③应由缴费者承担较大的财务负担，而不是待遇领取者；④应在不借助制度外资源的情况下恢复财务平衡；⑤当精算假设使用近似估计时，需要定期评估系统的财务状况与公平性，并根据需要适时调整。OECD（2012）从政治经济学的角度分析了自动调整机制在触发条件、度、频率、速度、自动性、成本与风险分担以及对弱势群体的保护 7 个方面的设计原则。在机制设计方面，Settergren（2001）对瑞典养老保险财务平衡自动调整机制的触发机制和调整模型方法进行了研究。Brown（2008）详细介绍了加拿大养老保险自动调整机制的设计并对比加拿大与瑞典养老保险财务平衡自动调整机制（ABM）在设计上的不同。Sakamoto（2005）阐述了日本养老保险的独特环境和养老保险财务平衡自动调整机制（ABM）在设计上及在固定缴费率下的调整方法。Hietaniemi and Ritola（2007）、Lassila and Valkonen（2007）、Lindell（2004）对芬兰的 ABM 的设计和调整方法进行了深入探讨，认为其最大改革在于调整考虑了工作期间的缴费收入、弹性退休年龄、最早退休年龄、最早退休养老金待遇以及长寿系数。

3. ABM 的效果评价

Turner（2007）在探讨自动调整机制原理的基础上，介绍了不同国家实施自动调整机制的经验。Billing（2009）通过对比 26 个国家实施自动调整机制的经验，强调了自动调整机制在维持养老保险制度可续发展方面的重要意义，对其他国家有重要的参考价值。Turner（2009）归纳了不同自动调整机制的优点与不足，剖析其对不同收入、种族和性别人群再分配的影响，指出各国应根据其人口、经济特点选择合适的自动调整机制，最后为在美国设立自动调整机制提出两条建议。OECD（2012）回顾了过去15年自动调整机制在社会养老保险中的使用情况，指出虽然自动调整机制有助于改善制度的财务可持续性，但会降低养老金的充足性，建议推进最低保障制度的建设。Ferh and Habermann（2006）依据德国的ABM模拟了抚养比、长寿系数两个因素对养老金财务的影响，得出对两个改革方案都有利于养老资源在当前中年人、年轻人以及未来各代人之间得到合理分配的结论。Lassila and Valkonen（2007）对芬兰的ABM的效果进行模拟，认为ABM的采用可以降低当前中年一代的未来养老金水平，使芬兰的养老金模式从固定待遇型向固定缴费型转变。

（二）我国研究动态

在我国，学术界对自动调整机制的研究主要集中在以下方面：

1. 国际经验借鉴

林义（2011）、赵巍巍（2011）、杨植强（2011）等主要通过对瑞典、德国、日本、美国等发达国家公共养老金待遇自动调整机制的比较分析，总结不同调整机制的参数设计、运作机理、作用效果和借鉴意义。林义、蹇滨徽（2019）通过对OECD国家公共养老金待遇自动调整机制的梳理，总结了OECD国家公共养老金自动调整机制的经验，指出中国在借鉴这些经验时，需要结合自身实际加快建立健全养老金待遇自动调整机制。李箐、何自立（2011）通过对瑞典养老保险自动调整机制的分析，提出了与金融市场相融合的自动财务稳定机制的设想。米海杰、王晓军（2014）对公共养老金自动调整机制的国际经验做了比较分析，结合我国社会养老保险的实践，测算分析了不同调整机制对制度可持续性和待遇充足性的影响，探讨了自动调整机制在我国的适用性。

2. 调整方案设计

现有研究多主张根据上年的养老金调整率和本年的工资增长率以及物价指数等构建包含多因素的综合调整指数（李佳，2010；施岚，2012；何文炯、洪蕾、陈新彦，2012；卢昱昕、万磊、石玉建，2013；吕志勇，2009；阳义南、申曙光，2012），这种养老金调整的理念是基于让退休者享受到经济发展的成果以及不会因为通货膨胀降低退休生活水平、对养老保险缴费积极性的激励等。杨俊（2009）则认为设计养老金分享经济增长的调节机制的时候要同时考虑未来工资增长率和人口老龄化率，并将包含人口老龄化因素的调节因子引入基础养老金调整指数中。房连泉（2018）借鉴国际经验，指出我国基本养老保险制度应建立与工资增长指数挂钩的“调待”机制，并将制度赡养率和财务支付能力等指标纳入养老金调整的参考基准，逐步实行自动调整机制。周娅娜等（2017）设计了包括刚性调整与公式化调整在内的5种养老金调整方案，并在现行制度参数和优化制度参数情形下，从财务可持续性和待遇充足性双重视角检验这些方案的有效性。

3. 调整政策的实证分析

严博文（2019）提出了我国自动调整机制可选的两种方案模型，进行了精算模拟，并从财务可持续性和待遇充足性两方面比较这两种方案的政策成效。米海杰、王晓军（2014）测算了不同调整机制对我国城镇基本养老保险统筹基金的可持续性和待遇充足性的影响。薛惠元、仙蜜花（2015）在阐述城乡居民基础养老金调整启动机制、调整幅度的基础上，设计了城乡居民养老保险基础养老金调整方案，并对调整方案进行目标替代率和财政支付能力实证检验。刘苓玲、任斌（2015）以我国2002—2012年省际面板数据为样本，采用工具变量法实证分析我国基本养老金待遇调整机制对基本养老金待遇稳定性的保障作用。研究发现，基本养老金待遇调整机制对基本养老金绝对待遇起着改善作用，却不能保障基本养老金相对待遇的稳定性。赵欣彤、杨燕绥（2017）基于公平与效率的视角构建了我国养老金待遇调整政策评估指标体系，并通过层次分析法构建权重矩阵和一致性检验，从而确定指标权重及综合评估体系。

综上所述，国外对自动调整机制的研究和实践已经有二三十年的历史，从建立自动调整制度的必要性、调整方案设计、机制的适用性分析、实践效果评估，到实践政策反思与机制的改进，都有较为深入的研究和实践经验。目前，国外研究使用的工具有精算随机模拟、代际交叠模型、参数改革的最优化模型。自动调整机制的引入被认为是一个制度创新和国际趋势，对自动调整机制实施效果开展评估并在此基础上对自动调整机制进行进一步调整和改善，是近年国外研究的一个热点领域，既有基于调整政策对单一国家的精算预测分析，也有跨国比较分析。在实施效果方面，其对待遇充足性的冲击广受诟病，但这种替代率的下降是否合理，是否有其他措施来保障待遇充足性，还有待进一步研究。调整的波动性也是自动调整机制实施过程的一个问题，已有一些学者研究平滑措施来处理这一问题，实践中各国也相继调整制度设计来处理这一问题。

国内对自动调整机制的研究主要与养老金年度调整率相关。对养老金待遇调整机制的建立与完善始终围绕两个目标：一个是确保退休者生活水平不因通货膨胀而降低，另一个是确保退休者分享生产力发展和科技进步所带来的经济发展成果。具体方法就是将退休金调整率与通货膨胀率、工资增长率以及GDP增长率挂钩。但养老金指数调节机制除了以上目标来确定养老金待遇调整的幅度，还要考虑如何保持财务可持续发展以及如何应对老龄化风险。对于养老金待遇调整的时间、频次、刹车机制等一整套机制的研究和更为灵敏、可持续的待遇调整机制的研究更是国外近年研究的新发展。国内学者在介绍国外养老金自动调整相关经验的基础上提出我国需要建立养老金的自动调整机制，对自动调整机制的相关指标也做了部分测算和分析，设计了一些具体方案并进行实效论证。但总体上看，国内学术界对于自动调整机制的研究中，对这一机制建立的具体制度条件和与之相匹配的养老金待遇安全保障研究不多，对适合中国的养老金自动调整机制的设计考虑的因素不够全面以及对设计方案的效果进行论证研究的经验不足。

本书首先分析国际典型国家建立养老金自动调整机制的方法、模型及其经验教训，对我国当前的基本养老金调整机制的效果进行实证分析与评价，在建立我国基本养老金自动调整机制的基础上，结合实际运行评估其对基本养老金替代率、基金财务平衡和政府财政负担等的影响效应，进而从存量和增量两个方面提出构建广义基本养老金调整机制的优化方案，力图为完善养老金动态调整机制提供一些有益参考。

第二节 研究价值

一、相对于已有研究的独到学术价值

自20世纪90年代以来，各国为应对老龄化危机，纷纷对其养老金体系实施改革，改革的总体趋势是通过参数式改革削减公共养老金支出，增加筹资来源，通过结构性改革建立多支柱养老金体系。另外，为了维持制度的可持续发展，避免养老金改革中可能的政治干扰，近年来不少国家通过预先的立法程

序，建立了可持续发展的调整机制，即为自动调整机制。自动调整机制可以根据经济形势和人口结构的变化自动调节制度参数，不需要启动法律程序就可以改善制度的财务状况，有效地避免了政治风险与信用风险，从而受到学术界的高度关注和深入研究，越来越多的国家也引入了这一机制。尽管国外学者对养老保险自动调整机制进行了深入研究，且自动调整机制在很多国家得到应用并取得很好的效果，但在我国对之研究较少，同时一种成功的自动调整机制也很难得到推广，这是因为不同国家在政治制度、经济发展和人口结构上存在差异，这决定了不同国家的养老保险调整机制不可能相同，且发挥的效果也不一样。

第一，据我们所知，当前在中国对养老保险财务平衡自动调整机制的研究不多，本书是通过对自动调整机制及其机理进行较系统的研究，搞清楚当前国际上有哪些调整机制以及各自的结构、特点，为开展我国养老保险财务平衡自动调整机制的研究提供基础理论和方法。

第二，根据我国社会制度、经济发展和人口结构情况研究建立养老保险自动调整机制，尚属于一个新课题。本书通过研究中国养老保险自动调整机制，内容包括我国建立自动调节机制的必要性、可行性和原则以及建立自动调整机制将会对现行养老保险制度产生怎样的影响和效果，进一步丰富现有文献关于此领域的研究，也可以为中国养老保险自动调整机制提供一个学术界可以进一步研究、参考、借鉴和评论的中国模式。

第三，对中国养老保险自动调整机制的研究，必然涉及中国人口结构分析、养老保险收支平衡模型的建立、政策实施后的效果分析等。为了开展实证研究，本书拟采用人口分析方法、精算建模以及模拟分析等方法。从方法上看，应用一些不常用的模型和方法进行新的分析尝试，有利于繁荣与开拓社会保障领域的学术研究。

二、应用价值

对于中国养老保险财务平衡影响最大的因素有以下三个：一是人口老龄化因素。第七次全国人口普查数据显示，2020 年 60 岁以上人口的老年抚养比已达到 29.5%，而依据联合国的人口预测，到 2060 年这一比例将上升到 65.8%。如此严重的老龄化程度，必然会严重威胁养老保险的可持续发展。二是经济因素。一方面，经济增长速度快，则会使养老保险缴费增加；反之，则减少。另一方面，通货膨胀率升高，则导致养老金贬值，为了不使退休人员生活水平下降，必须加大财政补贴。中国当前的经济增长速度较快，但随之而来的就是较高的通货膨胀，经济的不稳定会严重影响养老保险财务平衡。三是隐形债务问题。中国养老保险制度包括企业职工基本养老保险、城乡居民养老保险和公务员事业单位职工养老保险制度。由于历史原因，我们没有为老人以及中人筹措养老金，历史欠账数额庞大，由此形成的养老保险隐形债务势必会让养老保险收支产生缺口，威胁养老保险财务平衡。

基本养老保险收支平衡是养老保险中最为重要的问题，它关系到社会稳定和未来老龄化社会的顺利度过，对于顺利建立社会主义市场经济体制具有重大意义。本书研究中国社会基本养老保险财务平衡的自动调节机制，旨在建立一个能够根据经济发展与人口结构变动及时对养老保险的参数作出及时调整，以在养老金财务平衡出现问题时重新恢复养老保险的偿付能力，保持养老保险的可持续性。本书为中国公共养老保险管理部门提供一个保持养老保险可持续性的可参考的方法，希望养老保险制度在未来几十年既能在财务上保持稳定、平衡，又能成功地规避政治风险和诚信风险。这在公务员和事业单位人员养老保险制度改革以后，尤为重要。因为公务员和事业单位人员加入公共养老保险，使财政面临前所未有的压力。

第三节　研究目标、内容及重难点

一、研究目标

本书的研究目标是建立和完善中国社会养老保险财务平衡的自动调整机制，以便及时、有效地应对经济发展和人口结构动态变动带来的财务风险，在确保未来社会养老保险财务可持续性的同时，避免社会养老保险制度面临的政治风险和信用风险。

二、研究内容

本书的研究内容是通过对社会养老保险自动调整机制国际经验的比较分析，研究自动调整机制的机理、特点、建立原则，并结合我国社会养老保险的实践，研究我国现有社会养老保险调整机制对养老保险财务平衡的影响，分析在我国引入自动调整机制的充分性和必要性，设计和建立我国社会养老保险财务平衡自动调整机制，并检验设计出的自动调整机制的政策效果，最后提出完善我国自动调整机制的意见。

三、拟突破的重点

本书拟突破的重点有以下几个方面：

（一）在分析我国现有养老保险调整机制对养老保险财务平衡的影响方面

自20世纪末我国进入人口老龄化社会以来，政府实施了基本养老保险金的调整机制，但这种调整主要是基于保证退休人员能享受社会经济发展的成果以及避免退休者的生活水平不会因为通货膨胀而降低。现有调整办法可能忽视了对养老保险财务平衡的影响，可以看到每次对养老金的调整都意味着财政的投入，我们认定这种调整可能会打破养老保险财务平衡，并以增加政府财政补贴为代价。

人口老龄化和经济增长放缓，必然会导致养老保险收入增速放慢，在这种背景下，确保养老保险财务平衡成为社会养老保险制度可持续发展的关键，显然，养老金调整必须有利于养老保险财务平衡。所以本书首先要对当前我国政府实施的养老金调整机制对养老保险财务平衡产生的影响进行分析，判断当前调整机制是否会导致养老保险财务的长期失衡，这就必须建立社会养老保险的长期收支平衡精算模型，通过实证研究这种调整机制对社会养老保险长期财务平衡的影响程度。

尽管我国理论界对社会养老保险收支平衡研究较多，但研究现有调整机制对养老保险财务长期平衡影响的文章不多；尽管建立的平衡分析模型不少，但在建立模型时纳入的影响因素不一致，存在顾此失彼、不够全面的问题；在实证测算时，使用的具体方法和参数假设也不尽相同，其中也存在方法不科学和假设不够科学之处。本书将综合考虑影响养老保险平衡的因素，建立较为全面科学的精算模型，并使用合理的测算方法，对当前我国主要的养老金调整机制对养老保险财务平衡的影响进行评估，诠释人们心中的疑虑。

（二）在设计和建立适应我国社会养老保险制度、人口结构变动与经济发展因素的社会养老保险财务平衡自动调整机制方面

自瑞典于2001年建立养老保险财务平衡自动调整机制以来，它是唯一一

个不改变缴费率而能长期保持财务平衡的国家。尽管瑞典养老保险 ABM 的理念已经得到推广，目前在包括美国、日本、芬兰、德国等 20 多个国家得到应用，但没有一个国家的养老保险 ABM 与另一个国家相同。如日本的调整就与瑞典不同，它考虑到提高缴费率来弥补因为长寿因素导致的养老金支出增加额，以此提高偿付能力，保持财务平衡。而芬兰的 ABM 则考虑了整个工作期的养老保险缴费收入、63—68 岁弹性退休年龄以及长寿系数等因素。研究和实践证明，一个国家的养老保险自动调整机制必须与本国的养老保险制度、经济与人口因素相适应，各国应根据其人口、经济特点设计合适的自动调整机制。

本书通过分析国外发达国家的社会养老保险平衡自动调整机制以及产生的政策效应，在总结这些国家在设立和运作自动调整机制的成功经验的基础上，分析中国社会养老保险制度在现在和未来面临的经济发展不稳定和人口结构变动风险，研究在中国社会养老保险制度中引入自动调整机制的必要性和可行性，并根据中国经济和人口结构因素设计具有中国特色的社会养老保险财务平衡自动调整机制。

多年来，我国强调和实施的养老保险调整机制尽管考虑了经济增长率、通货膨胀率和长寿风险等因素，但总体上看，其视角不是立足于社会养老保险财务的长期平衡之上的。本书研究建立中国养老保险自动调整机制，首先就是让人们的思想从调整退休金以提高退休人员退休生活转变为调整社会养老保险相关参数以保持养老保险财务的长期平衡，确保养老保险制度可持续性发展的理念。同时，我们要测算养老保险隐性债务规模，编制社会养老保险精算资产负债表并据此对社会养老保险偿付能力进行评估；要分析影响养老保险财务平衡的因素，选择调整参数，建立自动调整模型，设计触发机制和调整程序，这些都建立在熟练掌握国内外用于分析社会养老保险财务偿付能力的最新精算分析方法的基础上。本部分研究从理论和方法上应该最具有创新性。

（三）在社会养老保险财务平衡自动调整机制的实施效果检验方面

尽管各国的养老保险自动调整机制在结构的复杂性和自动激活的敏感性方面均存在显著的不同，但目标上具有共同性，那就是要引导系统保持长期的财务平衡，可以自动采取调整措施，可以规避政治风险，避免拖延调整时间和缺乏时间观念，确保定期检测养老保险的压力源，并且能保持程序透明，维护参保者的权利，树立公众信心。

针对本书设计出来的自动调整机制，我们不仅要检验其主要功能，还要验证其对我国的适用性，从可持续性和充足性两个方面评估机制的运行效果，并进一步分析其对不同收入人群再分配的影响以及代际公平性，为进一步修正调整模型提供依据。

本部分不仅要有严谨的思路，还要运用科学合理的定量分析方法，除了建立精算模型外，还涉及评估方法的选取以及计算程序的编制。本部分将对多个重要的参数调整效果进行检验，并形成较为系统的评估方法和值得参考的计算程序编制方法。

四、研究的难点

本书研究的难点在于以下几个方面：一是用于实证研究必须建立的各类精算模型，包括养老保险财务平衡模型、养老保险调整机制实施效果分析模型等；二是我国社会养老保险财务平衡自动调整机制的建立，这是由于在我国可供参考的资料不多；三是由于当前我国用于未来人口结构测算的国民生命表、人口结构数据、死亡率数据等资料的缺乏，需要在研究中根据已有资料自己整理和依据科学方法编制；四是因为文中开展定量分析的内容较多，不同的研究内容需要采用不同的定量分析方法，而选择合适并且科学的分析技术和方法是保证研究顺利开展的关键。

第二章 国外社会养老保险财务平衡自动调整机制研究

为了应对人口老龄化趋势和经济波动引起的社会养老保险财务不平衡风险，经济发达国家最早相继进行了公共养老金改革，其中一项改革便是引入自动调整机制。自动调整机制通过预先设定的一系列指标来调整缴费率、退休年龄和养老待遇等参数，促进公共养老金的财务平衡，以确保公共养老金制度的长期可持续发展。由于这一机制比政府临时调整更为及时，且调整幅度更小、更为频繁、更具可预测性，因此避免了进行大幅改革的巨额成本和阻力。

国外的经验证明，自动调整机制不仅可以应对人口结构和经济波动，保障偿付能力，还能确保制度的代际公平，减少养老金调整的政策风险和规避行政干预等政治风险。

本章系统梳理了世界各国养老保险自动调整机制的调整办法、调整特点和分类方法，着重介绍了瑞典、德国、日本、加拿大4个典型国家自动调整机制的发展历程、调整模型和政策效果，并进一步总结出养老保险自动调整机制的运行经验和教训。

第一节 社会养老保险财务平衡自动调整机制建立的历程

从社会保障制度发展的历史来看，养老金经历了从政府临时调整到指数化调整，最后向自动调整机制的转变三个阶段。

一、政府临时调整阶段（1889—1932 年）

从 1889 年德国建立起现代社会保障制度以来，许多西方国家纷纷效仿，建立了公共养老保障制度，但并没有同时建立养老金待遇调整机制，这是因为在工业化早期，价格涨幅较小，人民生活成本较为稳定，加上退休者寿命较短，退休期间养老金实际购买力水平基本稳定，能基本满足生活需求。两次世界大战之后，世界经济受到打击，各国生产出现萎缩，政府为弥补财政赤字不断融资，较高的通货膨胀率导致退休者实际购买力不断下降，老年贫困现象突出，社会动荡不安。为维持社会稳定，部分国家政府相机抉择，临时调整养老金待遇水平。该时期调整方式有以下两个特点：一是调整时间取决于通货膨胀发展的实际程度和政府财政能力，调整次数不固定；二是待遇调整没有和某个经济指数挂钩。可见，当时这些国家的养老金水平上调是相机抉择的，即这些上调是随意的，时间不固定的，也没有规定具体的上调幅度。

二、养老金待遇指数化调整阶段（1933—1980 年）

20 世纪 30 年代开始，为避免政府的频繁干预和经济波动对退休者养老金的经常性影响，OECD 部分国家立法先行，通过立法保障退休者的合法权益，实现养老金水平与经济形势挂钩。指数化调整主要是特指养老金的工资指数化和物价指数化调整，意味着养老金制度不仅保障了老年时期丧失收入的风险，也保障了由于通胀或者收入水平上升导致的相对收入的损失风险。1933 年，丹麦首先建立了养老金指数调整机制。法国在第二次世界大战后首次采用了正式的指数化调整方法。德国、荷兰等 5 个国家也在 20 世纪 50 年代采用了指数化调整。20 世纪 60 年代，奥地利和意大利引入了指数化调整。20 世纪六七十年代是经济发达国家引入养老金待遇调整机制的高峰期，共有包括英国和美国在内的 7 个国家引入了养老金待遇指数化调整机制。这一时期养老金待遇水平逐渐提高主要得益于两点：一是很多国家经济在 20 世纪 50 年代中后期进入快速发展期，国民收入不断增加，劳动者的实际工资收入不断上涨，提高退休者的待遇水平有了现实的经济基础；二是战后婴儿潮时期出生的人口此时逐渐进入劳动力市场，人口年龄结构较年轻，现收现付养老金制度财务状况良好。

三、指数化调整挫折阶段（1981—1993 年）

20 世纪 70 年代，世界各国的社会保障制度逐渐走向成熟，但由于受石油危机的影响，资本主义国家经济进入滞涨阶段，不断上涨的石油价格引发了较为严重的通货膨胀。由于福利刚性的影响，原本较为慷慨的养老金待遇水平给国家带来严重的社会保障财政危机，从而使这些国家面临潜在或是现实的财务可持续性危机。20世纪八九十年代，许多国家开始试图通过养老保险制度改革来减低过高的社会福利支出幅度，为此越来越多的国家考虑采取以下措施：①减低福利待遇标准。英国于1982年取消对病人、孕妇、残疾者、失业者的附加补助；荷兰病假工资按工资的80%发放改为按70%发放；德国救济从收入的68%降为62%。②提高退休年龄。多数国家提高到65岁。③按较低增长率调整待遇标准。英国过去按物价和工资较高者调整，后来改为按物价指数进行调整。④福利事业的私有化和市场化。英国于1982年开始鼓励私人医疗服务，福利住房私有化出售，奖学金改贷学金。部分国家因石油危机引发了本国财政、经济和金融危机，被迫采取了放慢养老金调整步伐，甚至是暂时停止养老金指数化调整的措施。以意大利为例，1970—1984年每年养老金实际增长率为3.5%，但之后养老金实际待遇水平停止增长。20世纪80年代开始，丹麦养老金实际待遇停止增长，随后法国、德国养老金停止增长，1984年意大利和美国相继暂停养老金调整，西班牙于1983—1988年也停止养老金调整。

四、养老金自动调整机制阶段（1994年至今）

自动调整机制则主要指将人口因素和偿付能力因素纳入养老金系统中的调整方法。自20世纪70年代以来，随着全球老龄化趋势越来越严重，公共养老金支出增长速度过快，给许多发达国家的财政带来巨大压力并导致养老保险财务不平衡的风险越来越大。为了应对老龄化带来的风险，瑞典于20世纪90年代后期首先对社会养老保险制度进行创新性改革，将退休年龄与预期寿命挂钩，分阶段提高了退休年龄。此外，瑞典还建立了自动平衡机制，仅在养老基金偿付能力不足时启动，当年劳动者的年金权益和当年的养老金待遇调整幅度都不再根据收入指数调整，而是使用收入指数与平衡比率的乘积调整。之后，加拿大、日本、德国、丹麦等越来越多的经济发达国家在其社会保障制度中引入了财务平衡自动调整机制，通过预期寿命指数和其他自动调整机制来促进养老金制度的长期可持续发展。

自动调整机制不仅适用于传统的现收现付制的待遇确定模式（DB）养老金计划，也适用于现收现付制的名义账户模式（NDC）养老金计划，如意大利、瑞典、挪威实行的是现收现付的NDC养老金制度。当今世界各种自动调整机制的设计千差万别，这些机制的实际效果差别很大。

第二节 发达国家建立社会养老保险财务平衡自动调整机制的原因

一、保障养老金的实际购买力①

保障退休金不受通货膨胀侵蚀是养老金待遇调整最重要的目的。通货膨胀会导致养老金贬值，也会降低养老基金的增值速度，从而严重削弱退休人员的生活保障程度。一般地，在职职工的工资会随经济增长和通货膨胀同步增长，如果退休金不作调整或其调整率与工资增长率的差距加大，会导致退休金替代率大大降低。应对通胀侵蚀最直接的方式是在自动调整机制中引入物价指数。另外，工资水平在一定程度上反映了当前生活水平，养老金与工资水平挂钩也能起到相同的作用，可以将退休生活水平即替代率控制在合理范围内，这是目前发达国家广泛采用的方式。各个国家的调整幅度和调整方法略有差异，可分为三种情况。其一，直接依据物价指数或工资水平的变化进行待遇调整。如挪威养老金待遇的调整是在平均工资增长率的基础上减去0.75%。美国则依据劳工部劳动统计局确定的上年度城镇工薪阶层和文职人员消费价格指数来调整养老金，如果CPI没有增长，该年养老金则不作调整。斯洛伐克收入关联计划的养老金待遇水平与平均收入增长和通货膨胀情况挂钩。其二，利用物价指数或工资水平确定待遇调整的最低或最高限额。西班牙规定每年1月份按照包含社会保障收入和支出的一系列重估指数进行调整，养老金待遇最低年增长率为消费者物价指数变化的0.25%，最大值为消费者物价指数的变化值加上0.5%。波兰规定个人账户的名义收益率不能低于通货膨胀率。荷兰的基本养老金则根据最低工资的变化进行调整。其三，从物价指数、工资变化率和其他指标变化率中取最高值进行调整。英国国家养老金待遇每年从工资增长率、物价增长率和0.25%三者中选择最高值进行调整。冰岛则从工资变化率和生活

---

① 林义，塞滨徽．OECD国家公共养老金待遇自动调整机制的经验及启示［J］．探索，2019（2）：110.

成本指数两者中选择较高者为依据进行待遇调整。按照物价指数或者工资水平进行待遇调整能够保证养老金购买力。这种调整方式更适宜于人口结构相对稳定、经济持续增长的国家。在人口老龄化不断加剧、经济波动较大的情况下，如果物价和工资常年连续大幅增长，则会加剧养老基金的财务压力，有损制度的可持续性。

二、保持财务收支平衡的可持续性

目前，发达国家大多老龄化趋势严重，其人口结构处于较高的老年抚养比，并且这一比例将持续攀升。如 2019 年，美国、日本、德国的老年抚养比分别达到 16.2%、28% 和 21.6%。而人口结构相对年轻的以色列国家的老年抚养比也高达 12.2%，以后还会持续增加。随着老年抚养比逐年攀高，养老金系统财务支出压力加剧，进而危害制度的可持续性，限制相关政策的调整空间。缓解公共养老基金财务压力，实现养老金财务平衡便成为待遇自动调整机制的重要目标之一。由此采取的措施是将反映平均寿命、制度赡养率、养老基金资产负债比率等状况指标纳入自动调整机制中。

采用与寿命相关的指标作为调整参数是大多数国家采用的方式，但具体方式有所不同。第一种方式是用平均余命直接计算养老金。如挪威对处于 62—75 岁的职工实行弹性退休制度，退休时用个人账户累积的养老金总额除以平均余命，得到年度养老金。第二种方式是将平均余命纳入包含其他调整参数的“可持续因子”当中。如西班牙于 2019 年在待遇调整中纳入可持续因子，该因子反映了退休年份时 67 岁的平均余命相较于 5 年前 67 岁的平均余命的变化。第三种方式是将预期寿命与缴费挂钩，间接达到调整待遇的目的。如法国将最低缴费年限与预期寿命挂钩，随着预期寿命的增长，最低缴费年限也逐步增加，以此来保持养老金支付期与工作缴费期比例的稳定。

采用制度赡养率作为调整参数是指养老待遇依据制度内缴费人口与待遇领取人口的比例进行调节。在人口老龄化背景下，制度赡养比会不断提高，这时在调整模型中纳入制度赡养率，可以促使养老待遇上升势头放缓，从而减缓养老金支出增长势头，有利于养老金收支平衡。日本与德国的养老金待遇调整就考虑了制度赡养率这个参数。

将社会养老保险资产负债比率作为待遇调整参数则是更为直接地维持基金财务平衡。瑞典就采用这种方式，当养老金负债增长率高于资产增长率时，便降低这个阶段的名义记账利率和待遇发放调整指数，以恢复收支平衡。

三、确保制度的代际公平

现收现付模式的一个显著特点是代际之间的再分配，由年轻一代承担老一代的养老负担。伴随着老龄化的加剧，老年赡养率会持续走高，适龄劳动年龄人口比重则会持续下降，如若继续按现行的方式即让年轻人负担更多的方式来解决养老体制的压力，势必造成未来的劳动年龄人口承担更大的养老压力。在老龄化和经济紧缩的双重压力下，年轻人发现他们所缴纳的养老保险费和所能够领取到的养老金间的投入产出比越来越小，这使年轻一代对养老制度产生了质疑，从而使代际之间的分配不公问题在养老保险体制中继续加重。自动调整机制能够公平地反映出各代就业率和生产率的发展成果，并基于此进行调整，将有利于清晰地看到和掌控代际再分配的幅度，促进代际公平，因此成为 OECD 国家处理代理关系的一个有力工具。

四、减少政治风险和行政干预①

社会养老保险改革的政治风险是指由于以前的社会养老保险制度改革大多需要通过国会批准或立法改革，往往面临很大的舆论阻力和政策成本，从而导致改革延迟和逆转，这最终会使后期的改革面临更大的难度和成本。而自动调整机制使这种改革有了科学的精算基础和非政治属性，使养老保险的参数调整常态化，也使人们更能接受为了制度长远发展而做出调整。政府的角色也从“频繁的政策调整”变为“定期监督检查”，使适时的、渐进式的参数改革成为可能。参保者也能提前调整养老安排、储蓄计划和退休时间，规避了参保者面临的政治风险。

社会保障管理部门面对财务危机，必须进行减法改革。而“减法式”的改革总是不受欢迎的，削减任何一项福利都要面对一些民众的反对和责难。通过自动调整机制的指数化、公式化和定期精算评估，提高了养老金制度的透明度和可预见性，政府官员可免于承受减法式改革的责难，可以降低部门的行政干预风险。

① 严博文．财务可持续视角下的养老保险自动调整机制研究——基于 OECD 典型国家的经验借鉴[D]．西南财经大学博士论文，2019：19.

第三节 社会养老保险财务平衡自动调整机制的组成

社会养老保险财务平衡自动调整机制由四个部分组成：一是触发因素，即决定启动自动调整机制的因素；二是触停因素，用以确定自动调整机制何时停止运行；三是调整参数，即养老金调整的参考依据；四是调整周期。

一、触发因素

触发因素可分为事前的和事后的两类：一类是事前触发指标，也称为预测变量，该变量并非已发生，而是基于过去情况对未来的预测，当该预测变量达到某一状态时，自动调整机制将被触发，如无资产准备的债务、养老金债务占GDP的比重等；另一类是事后触发指标，是已经发生的事实状态变量。该指标测量的是已经发生的实际状态，当其达到某一预定状态时，就触发自动调整机制，如包括预期寿命增加、过去一段时间养老金支付指数的增加等。基于事前触发变量进行待遇自动调整的机制需要良好的反馈机制和较高的管理能力，以便能及时更正预测情况与事实状况的差异；基于事后触发变量的待遇调整是对当前状况的一种滞后调整，可能会减少自动调整的实际预期效果。

二、触停因素

自动调整机制还需要明确自动调整机制停止运行的条件，这就是触停因素。按常理，自动调整机制启动需要有一定的条件，原则上只要调整指数不为零，就应该进行调整，无论调整指数是正数还是负数。但当自动调整机制的调整参数处于不合理变化水平时或养老金计划本身存在问题时，自动调整机制的运行可能会导致严重后果。例如，当国家经济处于通货紧缩时期，养老金待遇也应往下调，但因为养老金待遇具有刚性，这时名义养老金就不能往下调；而当国家处于高通货膨胀时期特别是在恶性通货膨胀期间，高幅度的待遇调整不利于公共养老金制度的稳定运行，待遇自动调整机制运行的代价会极大。还有一种情况是，调整指数过小时，一些国家往往也不进行调整。比如，美国规定CPI变化程度过低（不足0.05%）时，不进行调整。为实现公共养老金制度的平稳运行，防止财务状况受相关指标急剧变化的影响，需要规定自动调整机制的触停指标，确定其适用范围。当超出该范围时，自动调整机制应停止。

三、调整参数

调整参数决定了待遇调整的幅度。调整参数可以为养老金待遇水平、退休年龄、全额养老金领取标准、缴费率等。最常使用的是待遇水平和退休年龄，很少将缴费率作为调整参数。

（一）待遇水平

待遇水平可以通过待遇指数化、养老基金收入的变化以及反映预期寿命的改善或资金短缺状况的相关指标进行调整。

待遇指数化是将养老金待遇水平与工资或物价挂钩。具体有以下形式：①根据物价指数（通常是消费者价格指数 CPI）变化来调整养老金，如日本、英国、美国、加拿大等。②根据工资增长率变化来调整养老金，如丹麦、德国、爱尔兰等。③同时根据物价指数和工资增长率变化调整养老金，如乌克兰、捷克、芬兰、瑞士、匈牙利等。

养老金待遇也可依据基金收入的增加情况而调整。如在 DC（缴费确定型）制中，参保者的个人缴费在个人账户里进行积累，国家通常为劳动者提供几个投资基金，由劳动者个人来决定个人账户余额选择何种投资组合，账户的收益或亏损由劳动者自行承担，未来参保者退休后的养老金给付水平完全取决于退休时个人账户的余额。可见个人账户投资收益的高低会显著影响待遇水平。

待遇水平还可依据预期寿命的变化而调整。对于 DC 型养老保险计划参保者，由于其退休以后年度养老金等于退休时个人账户余额除以参保者退休后的余寿，因此预期寿命的变化明显影响待遇水平；而在 NDC（名义账户制）中，虽然参保者的个人缴费也计入个人账户，但缴费资金依然采用现收现付的方式用于支付当前退休者的养老金，个人账户中的积累只是名义上的。一些国家如芬兰、葡萄牙等，依然可以将养老金待遇通过“预期寿命系数”与退休时平均余命的提高相关联。

最后，社会养老保险资金短缺也会影响待遇水平的调整，如我国各地每年的养老保险待遇调整就考虑了资金短缺的问题，一般地，资金短缺越多，养老金待遇调整幅度越小。

（二）退休年龄

退休年龄是被广泛使用的自动调整参数之一。退休年龄调整会影响缴费期和待遇领取期的长短，进而影响退休待遇。俄罗斯规定将自2019年起，公务人员法定退休年龄以每年6个月的频率逐步延长，过渡期在2028年结束，最终男性公民的法定退休年龄从60岁延迟到65岁，女性公民的法定退休年龄从55岁延迟到63岁。2006—2013年，日本政府不论男女，将退休金领取年龄均延长至65岁，政府预计未来养老保险退休年龄可能会延迟到70岁。丹麦每5年对退休年龄进行审查，并在考虑了公共养老金计划的财务状况下，可适当提高退休年龄。法国则依据维持经济活动期与退休期的比例以2/3—1/3的标准调整退休年龄。

（三）缴费率

缴费率作为养老金待遇自动调整参数。这种情况不多见，一方面，缴费率的频繁变动不仅使企业和个人难以适从，还会增加运行成本和管理成本。另一方面，在老龄化程度加剧的趋势下，缴费率下调空间有限，所起作用不大。除非国家面临严重的劳动力市场压力和公共养老金计划的持续性压力，一般不会改变社保缴费率。但仍有一些国家引入了该参数，如加拿大，如果法定费率低于持续性所需水平且政府未出台旨在解决可持续性问题的其他措施时，缴费率将增加。出现这种情况是因为加拿大养老保险费率不是太高。近年来，我国逐步将社会养老保险单位缴费率从最高的20%下调至现在的16%，原因是我国企业的社会保险总体缴费率过高，目的是减轻企业的缴费负担，减少企业生产成本，提高企业的市场竞争力。

四、调整周期

调整周期的长短能够反映养老金制度的慷慨程度。一般来说，调整周期越短越有利于退休者，但给养老金制度财务可持续性带来挑战；调整周期过长，则无法达到保障退休者养老金水平不受侵蚀的目的。由立法确定调整周期，一般每年调整一次，或几年调整一次。调整频率可以依据外在规定来确定，也可以是自动调整机制自动决定。较长的调整周期会使待遇水平与实际需要产生较大的差异，这种差异积累期越长，需要大幅调整或改革的可能性越高。历史上，有些国家就曾通过延长调整周期的方式来降低养老金支出。目前，大多数国家养老金的调整周期是每年调整一次，但也有例外。有的国家调整周期是一年调整多次，如澳大利亚每年3月和9月各调整一次，加拿大老年保障金（OAS）按季度进行调整，一年调整4次。有的国家是两年调整一次，如瑞士。

第四节 社会养老保险财务平衡自动调整机制的分类

一、根据触发因素分类

根据自动调整机制的触发因素，可以将自动调整机制分为三大类：与预期寿命挂钩的自动调整机制、与偿付能力挂钩的自动调整机制以及同时与预期寿命和偿付能力挂钩的自动调整机制（见表2-1）。

表2-1 根据触发因素分类的自动调整机制

根据触发因素分类	OECD国家
与预期寿命挂钩的自动调整机制	丹麦、法国、巴西、芬兰、葡萄牙、希腊、意大利、立陶宛、挪威、波兰、捷克
与偿付能力挂钩的自动调整机制	加拿大、德国
同时与预期寿命和偿付能力挂钩的自动调整机制	瑞典、日本、西班牙

资料来源：根据John A. Turner（2007）资料和各国自动调整机制具体设置整理。

（一）与预期寿命挂钩的自动调整机制

与预期寿命挂钩的自动调整机制主要是为防范预期寿命延长对养老金可持续性的冲击。即根据预期寿命的变动来调整养老金待遇水平、退休年龄等参数。

假设t_0为基准年，LE_t为t年退休年龄余寿，P_t^b为t年调整前的退休金，P_t^a为t年调整后的退休金，则

$$P_t^a = P_t^b \times A_t \tag{2.1}$$

其中：$A_t = \dfrac{LE_{t_0}}{LE_t}$，称为调节因子。

以芬兰为例，该国的养老金制度将预期寿命的变化纳入养老金待遇计算

中，通过预期寿命系数（Life expectancy coefficient）来体现预期寿命的变动。由于芬兰正常退休年龄为 62 岁，因此预期寿命系数等于 2009 年 62 岁人的预期寿命与第 N 年 62 岁人的预期寿命之比，即

$$A_N = \frac{LE_{2009}^{62}}{LE_N^{62}} \ (N > 2009) \tag{2.2}$$

当个人初次申领养老金时，养老金累计率要乘上预期寿命系数，2009 年 62 岁退休者的预期寿命系数为 1。通过调节初始养老金的金额，个人退休时的预期寿命与其领取的养老金额相匹配，体现了对整体长寿风险的配置。

（二）与偿付能力挂钩的自动调整机制

与偿付能力挂钩的自动调整机制主要是根据偿付能力指标调整养老金待遇水平。自动调整机制具有触发机制，只有在达到触发条件后，才会启动自动调整机制。如瑞典规定，当资产负债比小于 1，才会启动自动平衡机制。

以德国为例，德国没有建立独立的与预期寿命挂钩的调整机制，而是将预期寿命内置于一个更复杂的机制，称为可持续因子。可持续因子 A 于 2004 年引入，通过调整初始养老金和缴费率，维持制度的可持续性，计算公式为

$$A = 1 + \alpha \ (1 - R) \tag{2.3}$$

其中，α 取固定值 0.25，R 为制度 $t-2$ 年抚养比与 $t-3$ 年抚养比的比值，可见可持续因子表面上只考虑了老龄化因素，实际上不仅反映预期寿命的变化，还融入了影响抚养比的其他人口因素，如净迁入率、生育率、劳动参与率等。由于人口老龄化的加速使 $R>1$，故 $A<1$，养老金应下调。若可持续因子不会提高名义养老金，则无须启用该机制。由于公式中抚养比的权重只占 1/4 以下，制度的财务状况只能得到一定程度上的改善，预计能够使德国 2040 年的预期缴费率由 28% 降为 24%。

（三）同时与预期寿命和偿付能力挂钩的自动调整机制

与预期寿命和偿付能力挂钩的自动调整机制是同时依据预期寿命和偿付能力指标来调整养老金待遇水平。以西班牙为例，2011 年西班牙专家委员会结合德国和瑞典的自动调整机制应用经验提出在西班牙建立“可持续因子”（FS）和新的自动平衡机制（IR）的具体建议。“可持续因子”（FS）将初始养老金待遇与退休后剩余寿命关联起来，拟定于 2019 年启用，t 年的“可持续因子”可表示为

$$FS_t = \left(\frac{LE_{67}^{t-7}}{LE_{67}^{t-2}}\right)^{\frac{1}{5}} \tag{2.4}$$

其中，LE_{67}^{t-7}和LE_{67}^{t-2}分别表示（$t-7$）年与（$t-2$）年时全额养老金退休年龄67岁的余命。从公式（2.4）可以看出，可持续因子将初始养老金待遇与退休时的平均余命关联起来，通过该因子的调节，将一部分人口老龄化带来的系统风险由退休者分担。

通过“可持续因子”的调节，人口老龄化带来的系统风险一部分由退休者分担。假设P_t^b为t年调整前的退休金，P_t^a为t年调整后的退休金。则有

$$P_t^a = P_t^b \times FS_t$$

西班牙的自动平衡机制（*IR*）将养老金待遇指数调整与养老金系统财务状况联系起来，第$t+1$年养老金待遇增长率g_{t+1}的计算公式为

$$1 + g_{t+1} = \frac{1 + g_{t+1}^{l}}{(1 + g_{t+1}^{P})(1 + g_{t+1}^{S})} \times \frac{I_t}{G_t} \tag{2.5}$$

上式中，g_{t+1}^{P}是$t+1$年养老金领取者数量的增长率，g_{t+1}^{S}是$t+1$年由于新老更替导致的平均养老金待遇的增长率，g_{t+1}^{l}是缴费的增长率，I_t和G_t分别为t年的养老金总收入和总支出。

公式（2.5）显示，自动平衡机制则将养老金待遇指数调整与养老基金财务状况联系起来，而不再与通货膨胀关联。

二、根据调整参数分类

根据不同国家自动调整机制采用的调整参数不同，可以将自动调整机制分为四类：指数化养老金、指数化退休年龄、指数化调整缴费率和调整领取标准。

（一）指数化养老金

指数化调整是将养老金水平调整与工资变化、物价变化、人口变化等因素挂钩，根据这些参数的变化来定期调整养老待遇。

1. 根据价格或工资变化进行指数化调整

丹麦在1922年进行的价格指数化调整是最早的养老金指数化调整，主要是为了保证养老金能够抵抗通胀压力。调整如公式（2.6）所示。

假设 r_t 为第 t 年的通货膨胀率，i_t 为第 t 年的养老金调整率，P_t 为第 t 年的养老金水平，则

$$P_t = P_{t-1}(1+i_t) = P_{t-1}(1+r_t) \tag{2.6}$$

公式（2.6）中，i_t 等于 r_t 的原因是确保退休者的生活水平不会因为通货膨胀而降低。

1957 年德国最早建立了养老金工资指数化调整，即根据工资增长率调整养老金水平，以确保退休者能分享生产率提高和科技发展带来的劳动成果。调整如公式（2.7）所示。

假设 g_t 为第 t 年的工资增长率，a 为养老金调整系数，P_t 为第 t 年的养老金水平，则

$$P_t = P_{t-1}(1+ag_t) \tag{2.7}$$

其中：$a = 0.4—0.8$。

2. 根据预期寿命的变化率调整养老金

根据退休年龄余寿的变化率调整养老金的基本原则是，保持养老金与余寿变动的百分比一致。以 t_0 年为基准年，LE_t 为 t 年退休年龄余寿，P_t^b 为 t 年调整前的养老金，则调整后的养老金

$$P_t^a = P_{t_0}^b \times \frac{LE_{t_0}}{LE_t} \tag{2.8}$$

采用该方法的代表性国家有葡萄牙、日本等。

3. 根据未来领取养老金现值的变化率调整养老金

根据未来领取养老金现值的变化率调整养老金的基本原则是，保持未来领取养老金的现值不变。该方法需要对未来领取的养老金折现，假设 t_0 年为基准年，$\ddot{a}_{t,r}$ 为 t 年退休年龄 r 的年金系数，P_t^b 为 t 年调整前的养老金，则调整后的养老金

$$P_t^a = P_{t_0}^b \times \frac{\ddot{a}_{t_0,r}}{\ddot{a}_{t,r}} \tag{2.9}$$

预期寿命对待遇的影响是内置在年金系数中的。这个方法适用于待遇确定型（DB）计划，在实践中，芬兰和挪威是运用这一方法的典型代表。

（二）指数化退休年龄

指数化退休年龄是基于预期寿命的变化或财务状况的变化而对全额领取养老金的年龄进行调整，这种调整会同时影响缴费期和待遇领取期的长短，从而

影响退休待遇。指数化退休年龄的方式有两种：一种是按照退休年龄余寿保持不变的原则推迟退休年龄。这种方式直接降低抚养比，使制度支出成本相对减少。另一种是按照缴费年数与领取年数的比值保持不变的原则推迟退休年龄。这种方式可使制度的财务状况不受预期寿命提高的影响，由于每一代人一生的工作期占比相同，一般认为这种调整是公平的。丹麦法律规定，自 2028 年起，按照第一种方式推迟退休年龄。英国养老金委员会曾于 2005 年建议采用第二种方式推迟退休年龄，但议会只通过了按确定时间表逐步提高退休年龄的方案。

以葡萄牙为例，葡萄牙的国家养老金领取条件为缴费满 15 年且达到最低退休年龄，国家养老金的给付金额与缴费年限、缴费年限内的收入水平、申领养老金时的物价和退休年龄相关，国家养老金的调整与预期寿命和消费者价格指数（CPI）相关。2013 年修订养老金法案后，葡萄牙根据 65 岁的平均余命（LE）每年调整正常退休年龄（Normal retirement age）。假设 2014 年的正常退休年龄为：$65+n$ 月，r 为退休年份，则

$$\begin{aligned} n_r &= \sum_{t=2015}^{r}(LE_{t-2}-LE_{t-3})\times 12\times\frac{2}{3} \\ &= 8[(LE_{2013}-LE_{2012})+(LE_{2014}-LE_{2013})+\cdots+(LE_{r-2}-LE_{r-3})] \\ &= 8(LE_{r-3}-LE_{2012}) \end{aligned} \tag{2.10}$$

（三）指数化调整缴费率

缴费率很少被用于自动调整参数，但仍有一些国家引入了该参数。大多数国家通常是在面对劳动力市场压力和公共养老金计划持续性压力下，暂时或长期改变他们的社保缴费率。在加拿大，如果法定费率低于持续性所需水平且政府未出台旨在解决可持续性问题的其他措施，则缴费率将增加。德国规定只要低于中期现金余额所需水平时，便自动调整缴费率。缴费率之所以较少用于参数调整，在于缴费率不宜频繁变动。频繁的缴费率变动将使企业和个人难以适从，增加企业负担和行政成本。另外，提高缴费率的政治成本较大，而在老龄化程度加剧的情况下缴费率下行空间也不多。

（四）调整领取标准

领取标准的调整主要通过最低缴费年限的调整、领取养老金的最低年龄调整等来实现自动调整。这类自动调整机制的典型国家是法国。2010 年养老金改革后，法国的自动调整强调预期缴费年份和受益年份的比率保持不变，其政

策目标是维持经济活动期与退休期的比例在1/3～2/3。法国的自动调整机制的设置是最低缴费年限与预期寿命挂钩，1951年出生的人最低缴费年限为163季度，1952年出生的人最低缴费年限为164季度，逐渐增加。

第五节　典型国家自动调整机制分析

一、瑞典的自动调整机制

瑞典的公共养老金制度由三部分组成：一是基础养老金，保障最低养老待遇；二是现收现付制的名义账户养老金；三是个人账户养老金。前者资金来源于税收，后两者的资金由雇主和雇员共同缴费形成，合计缴费比例为工资的18.5%，其中16%进入名义账户，5%进入基金积累制账户。2001年，瑞典引入自动平衡机制，通过一整套"评估—触发—调节—再评估"机制来调节名义账户的劳动者养老金待遇。瑞典养老金管理局（Swedish Pension Agency，SPA）每年评估制度的资产、负债，采用偿付能力比率这一指标衡量制度的财务状况。因此，ABM使用平衡比率（Balance Ratio，BR）作为触发参数，其计算公式如下：

$$BR=\frac{资产}{负债}=\frac{缴费\times周转时期+缓冲基金}{养老金负债}$$

当$BR\geqslant 1$时，处于财务平衡状态，养老金待遇依据平均工资增长率即收入指数调整。当$BR<1$时，意味着养老基金负债超过资产，自动平衡机制启动，名义账户的记账利率将被缩减，记账利率变为平衡指数（Balance Index，BI）。

假设BI_t是t年的平衡指数，I_t和I_{t-1}分别是t年和$t-1$年的平均工资增长率，BR_t为t年的平衡比率，则

$$BI_t=\frac{I_t}{I_{t-1}}BR_t \tag{2.11}$$

2001年自动平衡制度建立初期，瑞典的平衡比率使用当期资产比当期负债，未对平衡比率进行缓冲处理，但这样做可能会使得养老金待遇水平波动过大。2008年，瑞典停用了原来的平衡比率计算方法，而采用根据前三年储备

基金的平均值来计算平衡比率，称作平缓处理的平衡比率，以防止储备基金投资收益波动造成的养老金待遇波动过大。2015 年，瑞典再次修改平衡比率的计算方法，使用当年资产负债比波动的 1/3 计算平衡比率，这将使平衡比率的波动更小，根据调整后的平衡比率计算的养老金权益和养老金待遇水平的波动也会更小。

二、德国的自动调整机制

德国的养老金由强制性养老保险、企业补充养老保险和个人自愿性养老保险等多种形式组成。强制性养老保险是德国养老第一支柱，也是覆盖范围最广、最为重要的养老金计划。强制性养老保险采用现收现付模式，当期企业和个人缴纳的保险费用于支付当期退休者的养老金。德国初始养老金金额的确定公式为

$$P_t^i = PV_t \times SY^i \times AF^i \times EP^i \tag{2.12}$$

其中，P_t^i表示退休者 i 在第 t 年的养老金；PV_t表示第 t 年的养老金现值；SY^i指退休者 i 的缴税年限；AF^i为调整因子；EP^i指退休者 i 在工作期间积累的收入点数，是个人年度报酬对所有受保人年度平均报酬的倍数。

在公式（2.12）中，

$$PV_t = PV_{t-1} \times \frac{\omega_{t-1}}{\omega_{t-2}} \times SF \tag{2.13}$$

而

$$SF = \left(1 - \frac{q_{t-1}}{q_{t-2}}\right) \times \alpha + 1$$

其中：

$$q_t = \frac{l_t^1}{l_t^2 + l_t^3}$$

其中，PV_t表示 t 年养老金给付现值，ω_{t-1}和 ω_{t-2}分别表示（$t-1$）年和（$t-2$）年的缴费人口平均净工资收入，l_t^1 表示 t 年养老金待遇领取人口，l_t^2 表示 t 年养老金缴费人口，l_t^3 表示 t 年失业人口。

如果人口老龄化加重，$\frac{q_{t-1}}{q_{t-2}} > 1$，养老金给付减少；当$\frac{q_{t-1}}{q_{t-2}} \leqslant 1$，养老金给付增加。

a 是调节缴费者和领取者的责任分配指数，固定为 0.25。如果 $a=0$，人口老龄化带来的所有压力落在缴费人口身上；如果 $a=1$，人口老龄化带来的所有压力落在领取人口身上。

德国政府通过调整 PV_t 价值来实现对所有退休者的待遇调整，每年 7 月 1 日由德国政府公布养老金给付现值的价值，并依此对养老金进行调整，此值对所有退休者都是相同的。

1957 年，德国确定的养老金的 PV_t 价值在上年度的基础上根据平均工资变动率进行调整。使用总工资的变动率，既可体现经济成果分享，也可体现代际公平。德国确定的养老金的 PV_t 价值为

$$PV_t = PV_{t-1} \times \frac{\omega_{t-1}}{\omega_{t-2}} \tag{2.14}$$

随着人口老龄化的推进，PV_t 价值按照总工资变动率增长很明显过快了。1992 年进行了养老保险制度改革，决定将总工资变动率改为净工资变动率，PV_t 价值为

$$PV_t = PV_{t-1} \times \frac{\omega_{t-1}}{\omega_{t-2}} \times \frac{1-b_{t-1}}{1-b_{t-2}} \tag{2.15}$$

其中，b_t 为个人要承担的社会保险缴费率和所得税率之和。

1992 年的改革后，养老金给付总额增长率仍然高于养老金缴费收入增长率，2000 年新上任的社民党—绿党联合政府决定暂时使用物价指数（CPI）调整 PV_t 价值。2001 年将李斯特养老金的缴费率纳入养老金积分价值的调整中。总工资在扣除社会保险缴费率和所得税率后，还需扣除其他养老金计划的缴费率 d_t，从而降低国家养老金的份额。2001 年的养老金 PV_t 价值计算如公式（2.16）所示，一直沿用至今。

$$PV_t = PV_{t-1} \times \frac{\omega_{t-1}}{\omega_{t-2}} \times \frac{1-b_{t-1}-d_{t-1}}{1-b_{t-2}-d_{t-2}} \tag{2.16}$$

三、日本的自动调整机制

日本的公共养老金是一个普遍参加的现收现付式待遇确定型养老金，由国民年金和厚生年金组成。养老金给付分为基础养老金和收入关联养老金。1955—1972 年，日本经济高速增长，增长率保持在 10% 左右，同时物价飞速增长。为了保障养老金的购买力，日本 1973 年的养老金改革建立了养老金指数化调整机制，养老保险缴费工资、待遇水平每年分别按平均工资增长率和居民消费价格指数调整。2004 年以后，日本为应对人口生育率过低和长寿风险带来的社会养老保险偿付能力危机，通过立法建立自动调整机制，根据缴费人数和预期寿命调节养老金待遇。调整因子作为自动调整机制的核心，融合了德

国和瑞典自动调整机制的特点，同时考虑了人口结构的变化和寿命延长对制度的影响。

调整因子 $d = d_1 + d_2$

其中，d_1为参加计划的劳动力人口的下降率，d_2为 65 岁退休年龄预期寿命的增长率。d_2取固定值 0.3%，目的是防止流行病暴发时 d_2变动较大，进而导致待遇调整过大。

自动调整机制启动后，缴费工资和养老金的调整指数 g'和 c'的形式如下：

$$g' = \begin{cases} \max\ (g - d,\ 0), & 若\ g > 0 \\ g, & 其他 \end{cases} \tag{2.17}$$

$$c' = \begin{cases} \max\ (c - d,\ 0), & 若\ g > 0 \\ c, & 其他 \end{cases} \tag{2.18}$$

上式中，g 为平均工资增长率，c 为居民消费价格指数。

随着人口老龄化程度不断加深，日本公共养老金制度缴费人数将不断减少，而预期寿命的延长也会增加养老金待遇领取年限。受此影响，养老金待遇自动调整机制的运行可能使未来养老金的支付水平持续下降。为防止自动调节后的养老金替代率过低，日本设置了最低养老待遇水平，即在下一个精算评估前，若调整因子使个人替代率降低到 50% 以下，调整机制会自动停止。另外，如处于通缩期间，宏观经济指数也暂停运行。

四、加拿大的自动调整机制

加拿大公共养老金制度包括非缴费型的老年保障金计划和就业关联型的养老金计划。加拿大养老金计划采用的自动调整方法与上述三个国家不同，两大养老计划的调整方法也不同。

（一）老年保障金计划（Old Age Security，OAS）

该计划为每一位 65 岁以上，并且年满 18 岁后在加拿大居住满 10 年的老年人提供老年保障金，所需资金全部由政府财政负担。养老金按照你在 18 岁之后作为加拿大合法居民或移民、并且居住在加拿大的年份来计算。在加拿大居住超过 40 年的居民可享受全额老年保障金，低于 40 年的根据居住年限适当予以扣减。对于没有其他收入来源的老年居民，还可获得一定数额的收入保障金。老年保障金无须缴税。

在建立公共养老金制度的初期，加拿大并没有同步建立养老金调整机制。

考虑到通货膨胀对养老金购买力的侵蚀，1972 年，OAS 建立按生活成本指数化调整机制，即按消费价格指数（CPI）调整，但按季度调整，分别在每年 1 月、4 月、7 月和 10 月进行调整。同样，如果 CPI 增速为负，则 OAS 养老金保持不变，直到 CPI 增速为正时，才再次进行调整。其调整模型如下：

假设 $CPI_{t,i}$为第 t 年第 1 季度的消费价格指数值，$P_{t,i}$为第 t 年第 1 季度的养老金水平，则

$$P_{t,i}=\begin{cases}P_{t,i-1}(1+CPT_{t,i}) & 当CPT_{t,i}>0\\ P_{t,i-1} & 当CPT_{t,i}\leqslant 0\end{cases} \tag{2.19}$$

（二）加拿大养老保险计划（Canada Pension Plan，CPP）

该计划是一个强制性养老保险计划，参保对象为年满 18 周岁的劳动者。该计划覆盖魁北克省以外的所有地区（魁北克省有类似的养老保险计划，称为 QPP）。参保人在其工作时期缴纳一定的保险费给该计划（类似于中国的养老保险），自 60 岁开始可按月领取养老金，金额多少取决于曾经供款到该计划的总额。CPP 缴费基数为职工年工资，缴费比例目前为 9.9%。对于正规就业职工而言，雇主和雇员各自的缴费比例均为 4.95%；个体经营者缴费比例为 9.9%。

CPP 计划的养老金待遇既可以按照 CPI 的变动进行调整，也可以通过调整缴费率来改变待遇水平。

1. 养老金待遇按照 CPI 的变动进行调整

1974 年，CPP 建立了按 CPI 进行年度调整的机制。CPP 初始养老金的计算，与工作年限和缴费挂钩。初始养老金确定后，以后每年按照 CPI 进行调整。在每年年底，政府就会宣布从次年 1 月 1 日开始的养老金调整幅度。CPI 计算周期是从上年 11 月开始到本年 10 月为止。如果本年 CPI 低于上年，即增速为负，则 CPP 养老金水平保持不变，直到 CPI 增速为正时，才再次进行调整。其调整模型为

$$P_{t,i}=\begin{cases}P_{t-1}(1+CPT_{t}) & 当CPT_{t}>0\\ P_{t-1} & 当CPT_{t}\leqslant 0\end{cases} \tag{2.20}$$

公式（2.20）中，CPI_t为第 t 年的消费价格指数值，P_t为第 t 年的养老金水平。

2. 通过调整缴费率来改变待遇水平

通过调整缴费率改变养老待遇水平的调整机制是一个半自动调整机制。计

划的首席精算师每隔 3 年就需要重新评估制度的可持续性，如果法定缴费率低于维持计划可持续的最低缴费率，则需启动自动调整机制，应提高缴费率，并停止养老金指数化，直至下一个评估年。但只有当议会不能就调整措施达成一致意见时，自动调整机制才生效。因此，加拿大的自动调整机制并不能避免政治干预，属于“半自动”调整机制。

第六节　社会养老保险财务平衡自动调整机制设计与运行要关注的问题

养老金待遇自动调整机制的建立，有效保障了公共养老金购买能力，增强了养老保险制度的可持续性，是促进社会稳定和谐的重要举措。典型国家公共养老金财务平衡自动调整机制的先行设计和实践为本文的研究提供了极具参考价值的经验及教训，在进行自动调整机制设计的时候要重点关注以下问题：

一、养老金待遇调整要坚持保障养老金水平和维持财务长期平衡相统一原则

保障退休金不受通货膨胀侵蚀的同时，让退休者享受一定的经济增长和科技进步带来的好处，是养老金待遇调整的最重要目的，而实现这一目标最直接的方式是在自动调整机制中引入物价指数和工资增长率。然而，在人口老龄化不断加剧、经济波动较大的情况下，如果在物价和工资常年连续大幅增长的情况下，按照物价指数或者工资水平进行养老金待遇调整，则会加剧养老基金的财务压力，进而危害制度的可持续性。因此，养老金自动调整机制需要保障养老金的实际购买力和实现养老金长期财务平衡两重目标。

为了确保养老金的实际购买力，目前经济发达国家广泛采用的方式可分为三种情况：一是直接依据物价指数或工资水平的变化进行待遇调整；二是利用物价指数或工资水平确定待遇调整的最低或最高限额；三是从物价指数、工资变化率和其他指标变化率中取最高值进行调整。

为了缓解公共养老基金财务压力，实现养老金财务平衡，自动调整机制采取的措施是将反映平均寿命、制度赡养率、养老基金资产负债比率等状况的指标纳入自动调整机制，具体有以下几种方式：一是用平均余命直接计算养老

金；二是将平均余命纳入包含其他调整参数的“可持续因子”当中；三是将预期寿命与缴费挂钩，间接达到调整待遇的目的。

二、需要合理确立调整机制的适用范围

（一）设置最低待遇标准，保障基本生活水平

在人口老龄化程度不断加剧的趋势下，纳入预期余命、制度抚养比、养老基金资产负债比等因素的待遇自动调整机制，有助于缓解由预期寿命延长和待遇领取人口比例过高引致的财务收支平衡压力，但这也会降低养老金替代率，削弱养老金保障老年基本生活水平的能力。为保障老年基本生活水平，需要设置养老金最低待遇标准。最低待遇标准的设置方式可概括为两种：一种是直接对养老金的增长率设置下限；另一种是依据能反映养老金实际购买力的相关指标确定最低待遇标准，包括反映通货膨胀情况、工资水平以及维持生计水平的相关指标。如墨西哥的最低养老金水平每年根据通货膨胀情况进行调整。

（二）设置待遇调整的上限，确保制度的稳定

设置待遇调整上限同样重要，与物价或通胀挂钩的待遇调整机制在极端情况下会急速拉升养老金支出水平，造成养老基金收不抵支，损害制度可持续性。为此，有些国家设置了养老金待遇调整的上限。上限设置方式可分为两种：一种是直接限定养老金的增长率，如西班牙规定了养老金待遇名义增长率的最大值；另一种是依据工资水平等指标确定，如土耳其规定了养老金替代率的上限。

三、平滑调整幅度①

养老金待遇自动调整机制的优势之一是小步微调。频率较高的小步微调有助于减少养老金待遇发生较大波动的可能性，减少对制度大幅调整的需要，降低制度改革成本。但在一般的待遇自动调整机制运行下，仍然存在待遇较大幅度波动的可能性。特别是在宏观经济波动较大情况下，引入宏观经济指标或与宏观经济状况关联度较高的指标的待遇自动调整机制可能引致养老金待遇调整幅度过大。因此，一些国家在待遇自动调整机制中对养老金待遇的波动进行平滑处理。平滑处理的方式通常是取较长时期内相关调整参数的平均值，以减轻

---

① 林义等．OECD 国家公共养老金待遇自动调整机制的经验及启示［J］．探索，2019（2）：114.

由调整参数在某一段时间内剧烈起伏引致的养老金待遇大幅波动。如西班牙为处理调整幅度波动过大问题，对这一调节机制［如公式（2.5）所示］使用了以下平滑处理：①使用所有增长率的11年移动平均值；②使用$\frac{I_t}{G_t}$的11年几何平均值；③只修正总收支不平衡的一部分，一般是$\frac{1}{4}\sim\frac{1}{3}$。同时，西班牙设置了养老金待遇调整的上下限，2013年确定的养老金待遇名义增长率不得低于0.25%，不得高于0.5%。

四、待遇调整机制的设计依国情而定

由于各国的经济、人口结构、养老基金等状况差异较大，各国的养老金待遇调整机制设计不尽相同，在调整参数的选取与待遇计算公式的构建上呈现出较大差异。瑞典的养老金待遇调整公式中包含了物价变动和工资变动两个因子，德国的养老金待遇调整在2005年以前一直是以工资指数为导向，2005年的待遇调整公式中首次出现了物价指数为导向。同样面临严峻的老龄化问题，德国调整参数包括制度赡养率，日本却纳入缴费人数。德国在待遇调整公式中纳入责任分配指数，强化其现收现付制的代际分配功能，而日本在养老金待遇调整机制的设计中，根据计算出的养老基金达到可持续标准的年份来确定待遇调整方式。瑞典、西班牙、挪威等人均预期寿命较高的国家都将预期寿命作为调整参数纳入待遇自动调整机制中，以应对本国人口预期寿命延长引致的养老基金财务风险。中国自动调整机制的设计要适合中国国情，不能照搬典型国家方案，必须具有中国社会主义制度特色。

第三章
我国社会养老保险待遇调整机制分析

第一节　我国社会养老保险制度概述

一、我国社会养老保险制度现状

对我国社会养老保险制度的探讨是在改革开放之后开始的。从20世纪90年代至今，经过一系列的改革，我国逐渐建立起比较全面的社会养老保险体系和制度，主要分为以下三个阶段。20世纪90年代初期是改革起步阶段，1991年首次提出养老保险三支柱体系，标志着我国养老保险体制改革有了初步框架。20世纪90年代后期的改革探索属于第二阶段，其重点在于建立与完善城镇职工养老保险制度。21世纪以来养老金制度的改革发展属于第三阶段，进一步完善基本养老保险体系，包括建立城乡居民社会养老保险制度和机关事业单位养老保险制度，打破城乡户籍限制。2014年基本完成养老保险制度第一支柱的建立，社会养老保险基金规模在2020年第一支柱为5万亿元，占比约80%，是我国社会保障的主要力量。

当前我国基本养老保险制度改革的基本方向是：

（一）实行“统账结合”的筹集方式

从1997年起，全国开始统一推广企业职工基本养老保险制度，社会统筹账户一度出现因资金不足而“挪用”个人账户的基金。针对“混账管理”的问题，《关于完善城镇社会保障体系的试点方案》规定社会统筹基金与个人账户基金分开管理。2005 年 12 月，国务院发布《关于完善企业职工基本养老保险制度的决定》，提出自 2006 年 1 月 1 日起，个人账户全部由个人缴费形成，从本人缴费工资的 11% 调整为 8%，单位缴费不再划入个人账户。然而，由于统筹账户收不抵支，导致个人账户资金屡被挪用，引发相关部门着手解决制度改革过渡时期个人账户的“空账”问题。

（二）养老金并轨改革

我国机关事业单位职工一直享受着“非缴费型”退休金保障待遇，影响了社会的基本公平正义而饱受质疑。2015 年 1 月，国务院发布《关于机关事业单位工作人员养老保险制度改革的决定》，标志养老金并轨改革开始。同时，经过养老金并轨形成了城乡居民基本养老保险制度，实现了我国基本养老保险体系真正意义上的全覆盖。虽然养老金并轨打破了原有的身份区隔，但从目前的改革现状看，机关事业单位养老金发放待遇远高于企业职工，企业职工的养老保险待遇高于城乡居民，所有制身份的待遇差异依然较大，这需要在进一步改革中消除缴费差别和待遇差别。

（三）提高统筹层次，实现全国统筹

2017 年 10 月 18 日，习近平同志在党的十九大报告中指出，完善城镇职工基本养老保险和城乡居民基本养老保险制度，尽快实现养老保险全国统筹。如今已有 10 多个省份实现社会养老保险基金省级统收统支，这些都为推进实现全国统筹奠定了坚实基础。社会养老保险全国统筹就是在实现省级统筹的基础上，以中央调剂制度为过渡措施，最终实现以统一全国费率和基金收支管理为核心的全国统筹制度。这样做的目的有以下四个方面：一是统一规范各地的基本养老保险制度，解决地方制度各行其是的问题。各地在基本养老保险覆盖范围、缴费费率、待遇计发办法等方面有很多不同，制度碎片化现象严重，难以实现各地制度之间的有效衔接。二是解决地方统筹下存在的养老负担畸轻畸重和基金使用效率低下问题。一些地区经济发展好，基金结存过多，以致懈怠征缴，随意降低费率和提高待遇；另一些地区经济落后，基金缺口较大，不但征缴费率居高不下，增大了当地企业成本，而且需要中央财政、地方财政大量补贴，进而出现严重的苦乐不均。同时基金分散各地，难以发挥基金的规模效应，导致养老基金利用效益不高。三是解决在地方统筹背景下的基金存储分散、规模小和贬值问题。尽管在很多地方基本养老保险基金实行省级核算，但

结存基金受托存储在市（地）县一级，形成了1000多个小规模基金，缺少保值增值机制和手段，贬值严重。根据统计，10多年来养老保险的平均利息率为1.79%～2.16%，低于银行一年期存款利息率水平。通过基本养老保险全国统筹，有利于提高基金规模，更好地实现基金的保值增值。四是解决在地方统筹的背景下存在的基本养老保险关系转移接续不畅问题。尽管已经出台了基本养老保险转移接续办法，但由于各地养老保险制度不统一，业务规程不规范，数据不标准，信息网络不健全等，转移接续仍然面临较大困难。通过基本养老保险基金的全国统筹，就可以在全国范围内只转移养老保险关系，不转移养老保险基金，从而简化转移手续，方便转移接续工作的开展。

二、我国社会养老保险制度面临的风险

（一）老龄化风险

20世纪末期起，我国已成为老龄化社会，近10多年来，老年抚养比每年以较快的速度增加，如图3－1所示。在老龄化形势下，从养老保险方面考虑，缴纳者的数量减少，而使用者增多，养老保险基金支出压力增大。如果养老保险的支出大于收入时，政府则需要增加财政开支来弥补缺口，因而政府财政出现风险。另外，自20世纪70年代起，我国开始实行计划生育政策，出现了较多的“421”家庭，近几年政府放开了三胎政策，但生育率依然不尽如人意。可以说家庭养老不符合实际，老人的养老问题往往需要社会养老系统来解决，

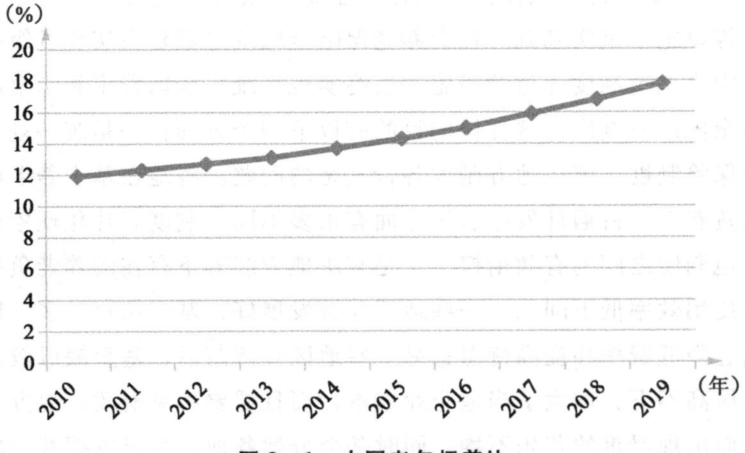

图3－1　中国老年抚养比

数据来源：《中国统计年鉴（2020）》

而这些社会养老系统的运转是需要由财政出资完成的，由此增加我国财政风险的发生概率。

（二）预期寿命延长风险

平均预期寿命是在一定的年龄死亡率水平下，活到确切年龄以后，平均还能继续生存的年数，它是衡量一个国家、民族和地区居民健康水平的一个指标，可以反映出一个社会生活质量的高低。中华人民共和国成立之初，经济萧条，疾病肆虐，人均预期寿命只有35岁。70多年来，国家致力于人民健康事业，中国的经济发展水平、医疗服务水平、教育水平、生活方式等都取得巨大进步，给人民群众带来了实实在在的健康福利。中国人均寿命不断快速提高，翻了一番，如图3－2所示。2020年10月14日，国家卫健委发布统计公报，2019年我国居民人均预期寿命达到77.3岁，比2015年提高0.96岁。2021年的中国政府工作报告在“十四五”规划目标任务概述中提出，人均预期寿命再提高1岁。

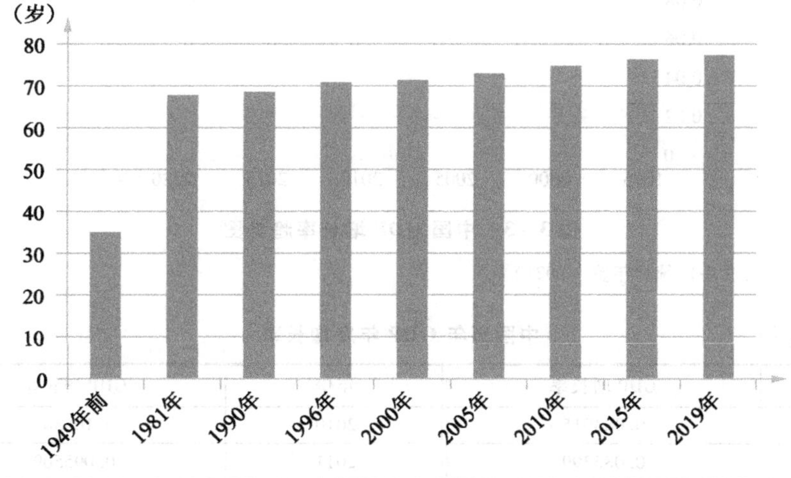

图3－2　1949—2019年中国平均寿命

数据来源：《中国统计年鉴（2019）》

在预期寿命逐步提高的趋势下，如果退休年龄不变，退休期就会延长，如果高龄老人养老金继续与通货膨胀率和生产力挂钩，势必导致养老金支出压力加大。如果养老金动态调整幅度低于工资增长水平，养老金的相对水平会逐年下降，养老保险给付的潜在保障风险就可能显性化。但如果提高养老金调整指数，则会增加整个退休期内的养老金给付总额，有可能会加剧参保者生命周期的精算失衡，不利于养老保险制度的可持续发展。预期寿命延长导致的养老金给付风险是当前和今后养老保险政策应该规避的问题。

（三）养老金财务收支平衡风险

养老保险的运行与发展需要持续的财政投入，当前我国经济发展下行压力较大。图3－3显示我国历年来的GDP增长率变化趋势，从2007年开始，总体上逐步下降。从表3－1可以看出，2014年我国GDP增长速度为7.42%，2015年降为7.04%，2016年为6.85%，2017年提升为6.95%，以后逐渐呈现下降趋势，2019年、2020年GDP增长速度分别降至5.95%和2.34%。

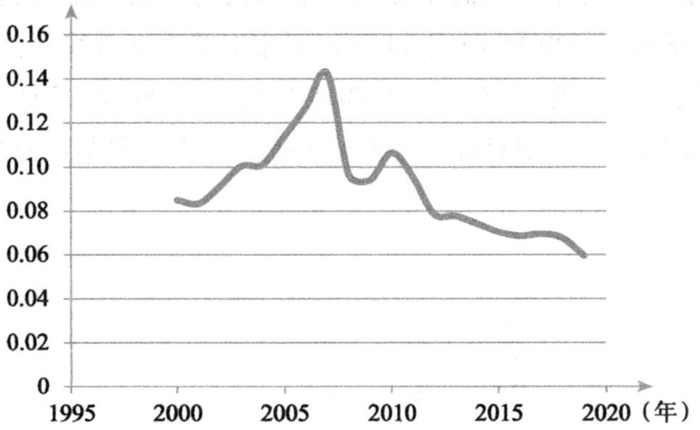

图3－3 中国GDP增长率趋势图

数据来源：《中国统计年鉴（2021）》

表3－1 中国历年GDP年度增长率

年份	GDP增长率	年份	GDP增长率
2000	0.084915	2010	0.106361
2001	0.083399	2011	0.095509
2002	0.091306	2012	0.078596
2003	0.100356	2013	0.077686
2004	0.101112	2014	0.074245
2005	0.113958	2015	0.070419
2006	0.127195	2016	0.068487
2007	0.142314	2017	0.069462
2008	0.096543	2018	0.067516
2009	0.093998	2019	0.059492

数据来源：根据《中国统计年鉴（2021）》整理

经济增长速度的放缓，至少会从两个方面对社会养老保险基金的收支产生影响：一方面，企业整体盈利水平和职工平均工资增长速度会下降，不仅会对缴费基数构成压力，也会加大征缴难度，从而使征缴收入的增长速度下降；另一方面，财政收入的增长速度会下降，特别是在目前地方政府存在赤字的情况下，导致地方对城镇职工基本养老保险制度的补贴压力增大。

（四）转制成本缺乏有效补偿渠道风险

我国社会养老保险制度逐步从“现收现付制”转变为现行的“统账结合”模式，目的是希望通过个人账户基金的积累预防人口老龄化高峰期到来时养老基金的支付危机。社会养老保险制度的改革导致了转制成本的产生，转制成本可以被界定为显性化的养老金隐性债务。当社会养老保险制度从现收现付制转向完全积累制时，由于完全积累制下实行个人账户制，原现收现付制下退休职工和在职职工积累的养老金权益就无法从新实行的完全积累制中获得对应的资金支持，因而政府就必须额外筹集资金来保证原制度下积累的养老金权益的兑现，这就增加了政府在养老金上的支出，从而成为转制成本。当从现收现付制转向部分积累制时，由于部分积累制下有部分资金必须进入个人账户，因而支付原制度下积累的养老金权益就必然存在资金缺口，这部分资金缺口也必须由政府通过其他的资金渠道来保证，这部分资金就成为政府应承担的转制成本，而部分积累制中的社会统筹部分，实质上是原现收现付制度的延续，政府无须额外筹款，因而不构成政府的转制成本。① 在当地社会养老保险制度改革之前已经退休的人员，称为“老人”；在当地社会养老保险制度改革之前参加工作，之后才到法定退休年龄退休的，称为“中人”；在当地社会养老保险制度改革之后参加工作并参加基本养老保险的，称为“新人”。由此，我们得到中国改革模式下转制成本的一般计算公式：

转制成本＝当前“老人”应由个人账户部分支付的未来养老金权益现值
＋已积累的“中人”个人账户养老金权益现值
－社会统筹账户基金余额　　(3.1)

目前，我国社会养老保险制度的转制成本主要由两个部分组成：一是城镇企业职工基本养老保险制度转制成本；二是机关事业单位工作人员养老保险制度转制成本。那么，上述两项社会养老保险制度涉及的转制成本规模到底有多

① 龙卓舟．养老社会保险隐性债务不等同于转制成本［J］．财经科学，2007（6）：100.

大呢？据学者测算，城镇企业职工基本养老保险制度以及机关事业单位工作人员养老保险制度的转制成本规模数以万亿计，从几万亿元到十几万亿元不等。然而，面对巨大的社会养老保险转制成本，我国并没有建立专门的转制成本化解机制：城镇企业职工基本养老保险的转制成本目前是交由改革后的职工基本养老保险社会统筹基金来负担，各级政府在社会统筹基金收不抵支时通过财政资金予以补贴；对于机关事业单位工作人员养老保险制度改革的转制成本负担，国务院发布的《机关事业单位工作人员养老保险制度改革的决定》语焉不详。城镇企业职工基本养老保险制度的教训表明，在没有建立专门的化解机制的情况下，将转制成本转嫁给新制度来承担，必然导致社会统筹基金收不抵支、个人账户长期“空账”运行，使社会统筹和个人账户相结合的社会养老保险制度结构有名无实。

（五）降低养老保险费率与基金的收支平衡存在矛盾的风险

根据《国务院关于建立统一的企业职工基本养老保险制度的决定》，我国城镇职工基本养老保险的缴费率为28%（企业20%、个人8%），个体工商户和灵活就业人员的缴费率为20%。受经济下行影响，许多企业尤其是中小微企业及个体工商户、灵活就业人员、农民工普遍反映养老保险负担过重，难以承受。为了降低企业成本、增强企业活力，2016年4月，人力资源和社会保障部、财政部发布了《关于阶段性降低社会保险费率的通知》，规定：“从2016年5月1日起，企业职工基本养老保险单位缴费比例超过20%的省（区、市），将单位缴费比例降至20%，单位缴费比例为20%且2015年底企业职工基本养老保险基金累计结余可支付月数高于9个月的省（区、市），可以阶段性地将单位缴费比例降低至19%，降低费率的期限暂按两年执行。”一方面，部分地区城镇职工基本养老保险基金收不抵支；另一方面，在经济下行压力下，降低基本养老保险费率，必然会减少养老保险基金收入，加剧养老保险基金的收不抵支。

（六）养老金的通货膨胀风险

通货膨胀对养老金的影响主要体现在三个方面：一是降低养老金积累过程的增值速度。由于我国养老基金尚未正式进行市场化投资，其年实际投资收益率为1.7%～2%，明显低于年平均通货膨胀率，从而使个人账户养老金增值缓慢。二是通货膨胀率拉高了名义工资增长率。自2007年以来，我国CPI以年均超过3%的速度增长，直接加速了名义工资的增长，从而降低了整体养老金替代率。三是降低养老金的实际购买能力。物价水平的提高将在原有的基本生活需求量基础上增加养老消费支出，导致单位养老金出现贬值。现在学术界一般强调养老金调整的基本功能是补偿因物价上涨对养老金引起的贬值和分享改革发展成果，如果通货膨胀过高，养老金调整率赶不上工资增长率，必然导致退休生活水平严重下降。

第二节　我国社会养老保险养老金待遇调整进程与现有政策评价

一、我国养老金待遇调整进程

我国的社会养老保险制度虽然早在20世纪50年代就已建立起来，但在传统的计划经济条件下，尚未形成一个正常的调整机制。只是随着我国改革开放的深入，到20世纪90年代，我国的养老保险金调整机制问题才被提上议事日程。1991年6月国务院颁布了《关于企业职工养老保险制度改革的决定》，规定“国家根据城镇居民生活费用价格指数增长的情况，并参照在职职工工资增长情况，对基本养老金进行适当调整”。1995年国务院发布了《关于深化企业职工养老保险制度改革的通知》，进一步规定：“为了保证企业离退休人员的基本生活，各地区应当建立养老金正常调整机制，基本养老金可按当地职工上一年度平均工资增长率的一定比例进行调整。”这些都表明政府已经意识到对养老金给付进行调整的重要性，并开始制定相应的基本政策。一些地方政府也开始采取有力措施对养老金给付进行调整，如上海市从1993年4月1日起建立基本养老金随着职工生活费用价格指数相应调整的制度，即养老金物价补偿制度，使退休人员的收入得到了增加。1997年7月《国务院关于建立统一的企业职工基本养老保险制度的决定》（国发〔1997〕26号）以及2005年《国务院关于完善企业职工基本养老保险制度的决定》（国发〔2005〕38号）中都强调要建立和完善基本养老金正常调整机制，并作为各地和有关部门改革完善养老保险制度的一项重要任务认真抓好落实。2018年《关于建立城乡居民基本养老保险待遇确定和基础养老金正常调整机制的指导意见》要求建立激励约束有效、筹资权责清晰、保障水平适度的城乡居民基本养老保险待遇确定和基础养老金正常调整机制，推动城乡居民基本养老保险待遇水平随经济发展而逐步提高，确保参保居民共享经济社会发展成果，促进城乡居民基本养老保险制度健康发展，不断增强参保居民的获得感、幸福感、安全感。

我国从2002年开始每年进行一次养老金调整，调整时间从2008年起统一由过去每年的7月1日改为每年的1月1日。调整政策目前已经取得了明显进步。第一，统一了调整基数。2002年，调整基数为上年12月企业退休人员基本养老金，2005年起改为上年企业退休人员月人均基本养老金，2016年与机关事业单位养老金同步调整后改为上年退休人员月人均基本养老金，使每个退休人员的年度调整数额均等，更好地体现了制度的公平性。第二，优化了调整率。2002年、2004—2007年的基本养老金调整比率以当地上年企业在岗职工平均工资增长率的50%左右、45%左右、60%左右、100%左右和70%左右确定，2008—2015年改为上年企业退休人员月人均基本养老的10%，2016—2017年下降到6.5%和5.5%，更多考虑了工资增长率、经济增长率、养老保险支付压力、财政负担能力等因素。从实际的调整效果来看，我国基本养老金调整比率一直远高于通货膨胀率，而从2006年开始，几乎长期介于城镇居民人均可支配收入的实际增长率和城镇单位在岗职工平均货币工资增长率之间，调整幅度相对合理。如表3-2所示①。

表3-2 2006—2018年全国部分省市平均养老金增长率和平均工资增长率 （单位：%）

省份	平均养老金增长率	平均工资增长率	省份	平均养老金增长率	平均工资增长率
河北	13.07	12.76	山西	12.86	12.49
北京	11.5	12.13	上海	11.14	11.74
安徽	16.79	13.43	天津	12.79	11.68
河南	12.79	12.64	西藏	15.43	11.15
黑龙江	11.14	11.99	浙江	9.14	9.98
湖南	12.43	12.3	重庆	13	12.99
江西	12.71	13.4	新疆	13.29	12.6
全国	12.2	12.45			

① 张松彪．全国统筹背景下省级养老金调整政策协调研究［J］．消费经济，2020（4）．

二、现阶段养老金待遇调整政策评价

（一）当前养老金待遇调整政策

由于我国当前的社会养老保险由基础养老金和个人账户组成，个人账户实行自我积累，专款专用，其记账利率主要依据个人账户投资收益率来记账，所以不存在调整。而基础养老金实行的是现收现付制，因此当前社会养老保险养老金待遇调整政策主要是对基础养老金的调整。基础养老金调整不仅影响养老保险基金长期收支平衡，而且关乎参保退休职工的切身利益，受到社会各界高度关注。国务院1995年发布的《关于深化企业职工养老金制度改革的通知》中，首次明确提出，各地区对基本养老金调整可按当地职工上一年度的平均工资增长率的一定比例进行调整。《国务院关于完善企业职工基本养老保险制度的决定》（国发〔2005〕38号）正式提出建立基本养老金正常调整机制，根据职工工资和物价变动等情况适时调整基本养老金，调整幅度为在岗职工平均工资年增长率的一定比例。《中华人民共和国社会保险法》（2010年10月28日通过）更是从法律上规定根据职工平均工资增长和物价上涨情况适时提高基本养老金。

根据《国务院关于建立统一的企业职工基本养老保险制度的决定》（国发〔1997〕26号）和《国务院关于完善企业职工基本养老保险制度的决定》（国发〔2005〕38号）的规定，社会统筹账户实行现收现付制，资金主要来源于企业缴费。企业缴纳基本养老保险费的比例，一般不得超过企业工资总额的20%（包括划入个人账户的部分），依据《国务院办公厅关于印发降低社会保险费率综合方案的通知》（国办发〔2019〕13号），自2019年5月1日起，降低城镇职工基本养老保险（包括企业和机关事业单位基本养老保险）单位缴费比率，高于16%的降至16%。而职工退休时的基础养老金月标准以当地上年度在岗职工月平均工资和本人指数化月平均缴费工资的平均值为基数，缴费每满1年发给1%。同时，由于计发办法只是计算确定了参保人员退休时的养老金待遇水平，而参保人员退休后平均还要生活25年以上，需要分享经济社会发展成果。因此，必须建立基本养老金的正常调整机制，根据职工工资和物价变动等情况，国务院适时调整企业退休人员基本养老金。各地根据本地实际情况提出具体调整方案，报人力资源和社会保障部、财政部审批后实施。

有学者[①]建立以下精算模型：假定 t 为测算年份，L_t为 t 年参保职工人数，W_t为 t 年社会平均月工资，C_t为企业缴费比率，N 为缴费年限，f 为基础养老金调整率，TP_{t-1}为 $t-1$ 年统筹基金结余，i_t为当年统筹基金收益率，L_t^r 为退休职工人数，Q 为本人指数化月平均缴费工资，从制度长期可持续运营的角度，则

$$L_t \times W_t \times c_t \times 12 + TP_{t-1} \times (1+i_t) \geqslant L_t^r \times \frac{W_{t-1} + W_{t-1} \times Q}{2} \times N\% \times (1+f) \times 12$$

于是得到

$$(1+f) \times N\% \times 12 \leqslant \frac{L_t \times W_t \times c_t \times 12 + TP_{t-1} \times (1+i_t)}{L_t^r \times \dfrac{W_{t-1} + W_{t-1} \times Q}{2}} \qquad (3.2)$$

上述公式是基于退休者在退休初始年的退休金基础上建立起来的，相当于在假定 t 年所有的退休者的平均退休金等于 t 年退休的初始年退休金的基础上计算出来的退休金调整率。事实上。在 t 年退休的人员只占退休人员的小部分，因此，t 年退休者的平均退休金不等于在 t 年退休的退休者的初始退休金。因此，我们对上述模型进行改进。我们假设 L_t^r 为 t 年总退休职工人数，W_t^r 为 t 年人均月退休金，g_t为社会平均工资增长率，其他假设与公式（3.2）相同，则

$$L_t \times W_t \times c_t \times 12 + TP_{t-1} \times (1+i_t) \geqslant L_t^r \times W_t^r \times (1+f_t) \times 12$$

得到

$$1+f_t \leqslant \frac{L_t \times W_t \times c_t \times 12 + TP_{t-1} \times (1+i_t)}{L_t^r \times W_t^r \times 12} \qquad (3.3)$$

对于基础养老金调整率f_t与社会平均工资增长率 g_t的关系，国外通常以物价指数变化或工资指数变化或二者综合变化为依据加以确定。我国《社会保险法》规定根据物价上涨和工资增长情况调整基本养老金，意味着合理的养老金调整比例应能弥补通胀并适度分享经济发展成果。基于此，我们以通货膨胀率 π_t和上年度在岗职工平均工资增长率 g_t为指标，由于社会保险具有刚性的性质，社会养老保险以不降低退休者生活水平为底线原则，建立基本养老金调整比例公式：

$$f_t = \pi_{t-1} + \alpha\,(g_{t-1} - \pi_{t-1}) \qquad (0 < \alpha < 1) \qquad (3.4)$$

---

① 兰虹，陈鑫玮．我国基本养老金调整机制存在问题及优化策略研究［J］．西部经济管理论坛，2015（5）．

实际上，近几年我国职工工资增长率等于通货膨胀率加实际 GDP 增长率 u_t，即

$$g_t = \pi_t + u_t$$

所以，$f_t = \pi_{t-1} + au_t$　　(3.5)

目前各地调整养老金待遇的方式有以下三种：

$$f_t = \begin{cases} \pi_{t-1} \\ g_{t-1} \\ \pi_{t-1} + \alpha(g_{t-1} - \pi_{t-1}) \qquad 0.4 \leqslant \alpha \leqslant 0.8 \end{cases} \qquad (3.6)$$

（二）当前基础养老金调整机制存在的问题

经过多年的不断调整，我国退休人员的年人均基本养老金从 1994 年的 3597 元上升到 2020 年的 40200 元，年平均增长率保持在 10% 以上，几乎与在职职工工资增长率同向同步调整，但仍存在一些亟待解决的问题。

第一，没有明确的调整公式。《国务院关于完善企业职工基本养老保险制度的决定》（国发〔2005〕38 号）关于调整幅度的规定是按“当地企业在岗职工平均工资年增长率的一定比例”调整，显然并未明确具体比例和调整公式，这使参保者并不清楚养老金调整的具体机制及与相关指标关系。17 年来，国家人力资源和社会保障部、财政部每年只是给各省市确定一个总体调整比例，而后各省市以全国总体调整比例为高限，确定本省市的调整比例和水平。多年来，国家和各地政府在调整养老金待遇时，只是公布一个调整率或月增加金额，没有说明调整的依据和计算公式，由此给人们的印象就是非常的随意和任性。由于养老金调整具有一定的福利刚性，且政府官员在任期内都不愿进行养老金的“减法”改革，这就是为什么各地将退休金的年调整率与年工资增长率同向同步调整的原因，如表 3－2 所示。养老金待遇调整政策的不明确容易产生寅吃卯粮的问题，给养老保险基金的长期支付带来很大的压力。

第二，一方面大幅度提高养老金调整率，另一方面养老金替代率逐年下降（见图 3－4）。从 2005 年开始，连续 14 年的城镇职工基本养老金待遇调整总体幅度大于 5%，2005—2015 年的 11 年更是高达 10%，2016—2021 年的待遇调整幅度也在 5% 左右。[①] 长期大幅调整已经拉高了参保者的期待水平，每年基本养老金调整政策的出台都引发广泛关注。但从实际保障效果来看，由于没

① 根据人力资源和社会保障部、财政部各年关于调整退休人员基本养老金的通知得到相关数据。

有协调好经济发展、人均收入增长和缴费率三者之间的关系，我国基本养老金的综合替代率已经从1995年的70.72%下降到2019年的46.98%（如表3－3所示），而且还存在地区间平均替代率差异过于明显的情况。调整机制的运行增加了基本养老金绝对数额，却没有提高地区间的相对稳定性。

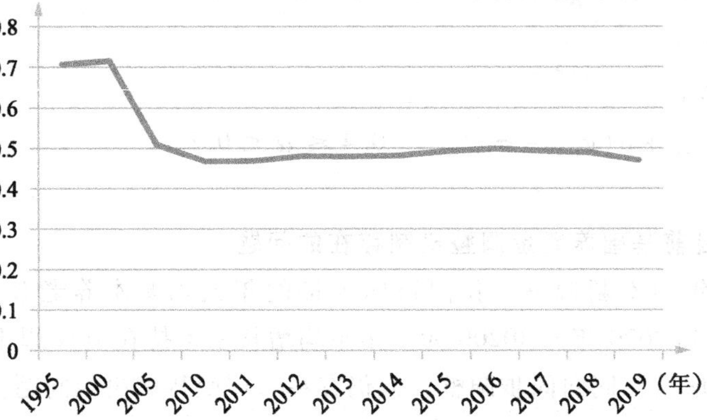

图3－4　1995—2019年我国基本养老金综合替代率

表3－3　1995—2019年我国基本养老保险综合替代率

年份	平均替代率	年份	平均替代率
1995	0.70716203	2014	0.481615589
2000	0.71506612	2015	0.492527359
2005	0.50828736	2016	0.49810259
2010	0.46685367	2017	0.493329347
2011	0.46834465	2018	0.489058828
2012	0.47990118	2019	0.469815412
2013	0.4787417		

数据来源：根据《中国统计年鉴（2020）》整理

第三，养老金调整机制没有考虑老龄化因素。从1989年开始，我国代际养老风险呈现持续增加的特征，如图3－5所示。根据表3－4，1989年我国基本养老保险制度赡养比（退休人员/在职人员）为0.19，而后逐年上升，到2004年达到0.34，然后略有下降，到2008年达到0.32，而后又呈现上升趋势，到2019年达到0.39，并且上升速度逐年增加。同时，全国各地区间的差异进一步加大，2016年的吉林赡养比超过了1:1.4，而广东仅为1:9.7，劳动力的流动以及经济发展的不平衡导致经济发展落后的省份需要更多承担人口老龄化的成本①。

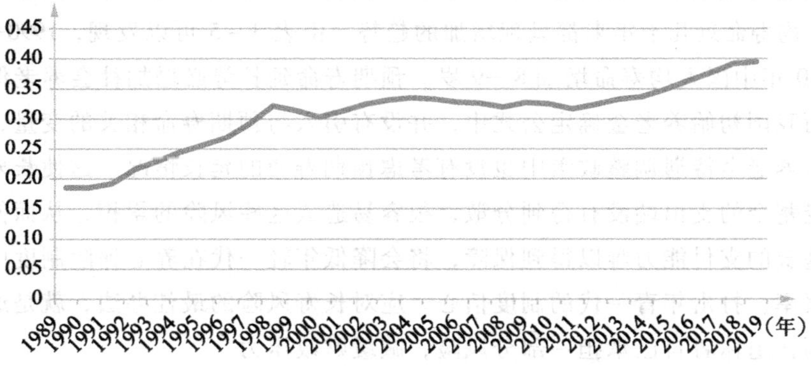

图 3－5　1989—2019 年我国赡养比变化趋势图

数据来源：根据《中国劳动统计年鉴（2020）》整理

表 3－4　1989—2019 年我国赡养比

年份	赡养比	年份	赡养比
1989	0. 185472	2005	0. 332879
1990	0. 18561	2006	0. 328033
1991	0. 192193	2007	0. 326262
1992	0. 216278	2008	0. 319735
1993	0. 22969	2009	0. 327278
1994	0. 244805	2010	0. 324961
1995	0. 256495	2011	0. 316541
1996	0. 269262	2012	0. 323992
1997	0. 292127	2013	0. 332585
1998	0. 321775	2014	0. 336587
1999	0. 314004	2015	0. 348672
2000	0. 303412	2016	0. 363088
2001	0. 312963	2017	0. 37672
2002	0. 324186	2018	0. 391898
2003	0. 331447	2019	0. 394849
2004	0. 334898		

数据来源：根据《中国劳动统计年鉴（2020）》整理

① 兰虹，陈鑫玮．我国基本养老金调整机制存在问题及优化策略研究［J］．西部经济管理论坛，2019（5）．

第四，养老金调整机制没有考虑预期寿命延长因素。由于环境卫生的改善、粮食的充裕、疾病的有效预防和医疗的进步，全世界绝大多数国家的国民零岁平均寿命近几十年来都呈现增加的趋势。由表 3－5 可以发现，1990—2020 年的 30 年中国人均寿命增加 8—9 岁。预期寿命延长势必增加社会养老保险支出，而我国初始养老金确定公式中，并没有引入与预期寿命相关的变量，同时在基本养老金待遇调整政策中也没有考虑预期寿命的延长情况。这使长寿风险在养老基金的支出端没有得到分散，很容易造成这些风险的累积，从而使未来养老基金的支付能力难以得到保障，将会降低年轻一代在养老保险制度中的资产回报率，打击年青一代的制度信心。应对长寿风险的最佳办法，就是通过调整机制让退休者自己承担一部分风险，减缓财政压力。

表 3－5　　1990—2020 年中国零岁平均寿命　　（单位：岁）

年份	平均寿命	男性寿命	女性寿命
1990	68.55	66.84	70.47
2000	71.4	69.63	73.33
2010	74.83	72.38	77.37
2020	77	73.6	79.43

资料来源：《中国人口就业统计年鉴（2020）》

第五，对社会养老保险的长期平衡和可持续发展问题重视不够。过去几十年的实践显示，养老基金虽然整体上收入大于支出，但是支出增幅大于收入增幅，且地区间的差异已经越来越明显。从图 3－6、图 3－7 可知，虽然从 1994 年起，我国基本养老保险基金每年当期总收入在近 10 多年来总是大于当年总支出，但其总支出增长率总体大于总收入的增长率。如果不考虑政府财政补贴，在不久的将来，基金总支出必然会超过征缴收入，且超过的速度会持续攀升。虽然政府财政补贴比例从 15% 左右已经上升至 20%，但从图 3－8 可以看出，其累计结余增长速度明显放慢。如果持续使用现行的养老金待遇调整政策，政府财政补贴的压力将不断增长，基金支付的压力也将持续增长。另外，部分省市如黑龙江、辽宁、吉林从 2013 年开始就出现了当期收入小于当期支出的情况，到 2015 年河北、青海和陕西三省也出现了这个情况。2017 年，辽宁省养老金月调整涨幅为 6.75%，远高于全国 5.5% 的平均水平，严重超出当地养老基金本身的承受能力。

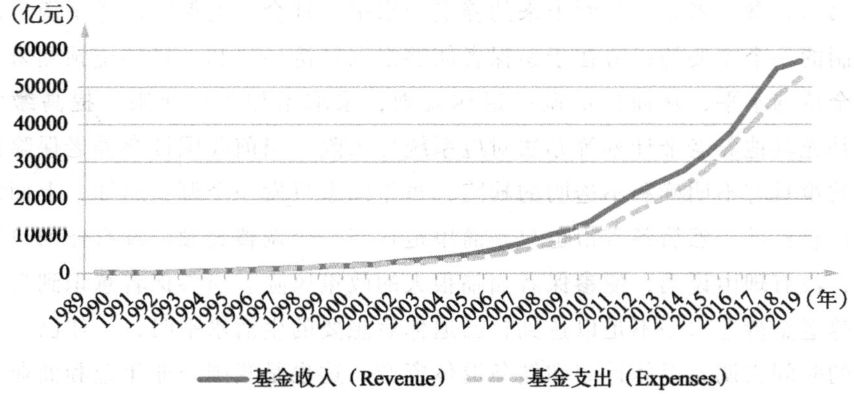

图 3-6　中国历年基本养老保险收支变化

数据来源：《中国劳动统计年鉴（2020）》

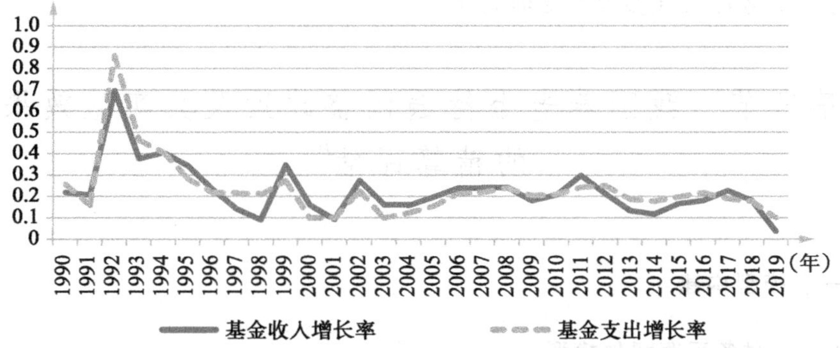

图 3-7　中国历年基本养老保险收支增长率变化

数据来源：《中国劳动统计年鉴（2020）》

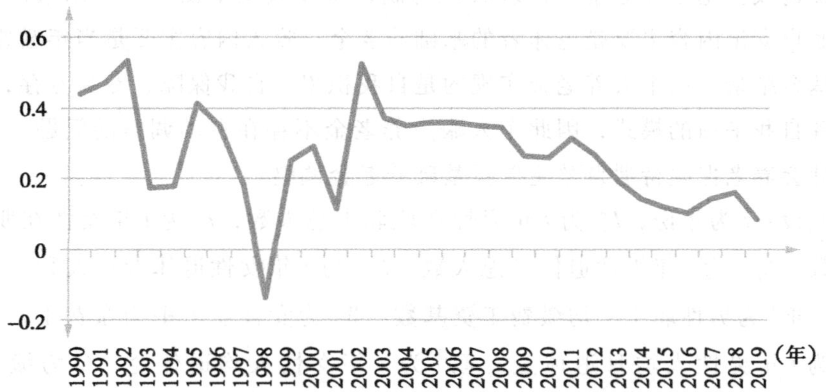

图 3-8　中国历年基本养老保险累计结余增长率

数据来源：《中国劳动统计年鉴（2020）》

第六，参保者难以预测未来的养老金水平。社会养老保险财务平衡自动调整机制的一个主要的优势在于参保者能够根据经济环境和人口环境预测未来的养老金待遇水平，从而提前调整退休规划，采取增加工作年限、提高缴费比例、补充其他养老金计划等办法对应系统性风险。当前我国社会养老保险待遇调整政策具有不明确和不透明的缺陷，每年国家只发一个调整通知，上面划定一个调整标准，然后各省市也只是简单地宣布一个调整金额，没有任何可行性报告，没有理由说明，使参保者面临很大的政策风险。当参保者意识到自己的基本养老金待遇水平不足以达到自己退休后想要的生活水平时，往往已经没有充足的时间去调整退休计划和储备退休资产。这也是我国企业年金和商业养老保险发展动力不足的原因之一。让参保者提前预知自己未来的待遇水平，需要明确待遇确定公式和待遇调整公式。让参保者能够通过信息平台查询预计的养老金水平，才能够让参保者提前规划。

第三节　我国养老金待遇调整政策及其实施效果的精算评估[①]

一、模型构建

（一）财务平衡评估模型

我国社会养老保险制度规定，社会养老保险待遇由基础养老金和个人账户养老金构成。基础养老金实行现收现付制，遵循收支平衡、略有结余的原则，统筹账户支出内容主要是退休者的基础养老金，收入内容主要是当年缴费收入加上基金结余。而个人养老金实现的是自我积累、自我保障、专款专存，财务上实现自我平衡的模式，因此个人账户养老金不存在自动调整的问题。因此，我国社会养老保险待遇调整主要指基础养老金调整。

假设：t 为年份，L_t^m 为 t 年男性在职职工总人数，L_t^f 为 t 年女性在职职工总人数，$L_t^{r,m}$ 为 t 年男性退休者总人数，$L_t^{r,f}$ 为 t 年女性退休者总人数，i 为年利率，W_t^m 为男性职工平均缴费工资基数，W_t^f 为女性职工平均缴费工资基数，$W_t^{r,m}$ 为 t 年男性人均月退休金，$W_t^{r,f}$ 为 t 年女性人均退休金，C_t 为缴费率，

① 本节以城镇企业职工基本养老保险制度为例进行实证评估。

TP_{t-1}为 $t-1$ 年基金结余，g 为在岗职工年平均工资增长率，f 为养老金年均调整率。

PV_t为未来统筹账户基金在 t 年的现值，APV_t为未来统筹账户基金在 t 年的现值，则

$$\begin{aligned} PV_{2020} &= \text{2020—2050 年在职男职工缴费现值} \\ &\quad + \text{2020—2050 年在职女职工缴费现值} \\ &\quad + \text{2019 年年底基金结余} \times (1+\text{利率}) \\ &= \sum_{t=2020}^{2050} c_t W_t^m L_t^m v^{t-2020} + \sum_{t=2020}^{2050} c_t W_t^f L_t^f v^{t-2020} + TP_{2019}(1+i) \\ &= \sum_{t=2020}^{2050} c_t W_{2020}^m (1+g_{2020})^{t-2020} L_t^m v^{t-2020} + \sum_{t=2020}^{2050} c_t W_{2020}^f (1+g_{2020})^{t-2020} L_t^f v^{t-2020} \\ &\quad + TP_{2019}(1+i) \end{aligned} \tag{3.7}$$

$$\begin{aligned} APV_{2020} &= \text{2020—2050 年男退休人员养老金支出现值} \\ &\quad + \text{2020—2050 年女退休人员养老金支出现值} \\ &= \sum_{t=2020}^{2050} W_t^{r,m} L_t^{r,m} v^{t-2020} + \sum_{t=2020}^{2050} W_t^{r,f} L_t^{r,f} v^{t-2020} \\ &= \sum_{t=2020}^{2050} W_{2020}^{r,m} (1+f)^{t-2020} L_t^{r,m} v^{t-2020} + \sum_{t=2020}^{2050} W_{2020}^{r,f} (1+f)^{t-2020} L_t^{r,f} v^{t-2020} \end{aligned} \tag{3.8}$$

最后得到统筹账户养老基金平衡公式，即

$$\sigma = PV_{2020} - APV_{2020} + Fund_{2020} \tag{3.9}$$

公式（3.9）中，$Fund_{2020}$是 2020 年年底的统筹账户养老金结余。

当 $\sigma \geqslant 0$，基金可持续发展；当 $\sigma < 0$，基金收不抵支。

（二）退休金综合替代率水平

养老金替代率是衡量劳动者退休前后生活保障水平的重要指标，比例越高越好。其表达形式有多种：①目标替代率，反映的是基本养老金制度的目标保障水平，指连续参加养老保险缴费的代表职工退休时领取的养老金相对于上年职工平均工资的比例。所谓的代表职工是指在劳动年龄阶段就业、连续参保缴费金额、工资等于同期职工平均工资的职工。②个人替代率是指某劳动者在退休后领取的养老金水平与退休前工资收入水平的比率。具体数值一般是通过某年度某个新退休人员的养老金除以其退休前一年度的个人工资来获得。③当年退休人员（群体）养老金平均替代率，是指当年所有退休人员的平均养老金

与上年度职工平均工资的比例。该指标衡量的是当年所有新增退休人员与未退休在职人员之间的收入差异，反映的是养老金的平均保障情况。④养老金综合平均替代率是指全部退休人员养老金与工资的比例，不再仅限于当年退休人员，其衡量的是全部退休人员与在职人员收入水平的差异情况。

多年来，学术界一直以当年退休人员养老金替代率即以退休者退休第一年或第一个月的退休金占该退休者退休前最后一个月或最后一年的工资的比例，来评估社会养老保险的退休者退休生活的保障水平。笔者认为这是不科学的，因为一般替代率只反映退休者退休第一年的退休生活保障水平。在未来的退休生活时间，由于养老金经过多年调整，其以后各年的退休生活水平已与退休多年的替代率相差甚远。证明如下：

假设 2020 当年退休人员（群体）养老金平均替代率为 $T_{2020}=\eta$，W_{2020}^{r}是 2020 年新退休人员的年平均退休金额，W_{r-1}^{2020}是即将在 2021 年退休的职工的年平均工资，则经过 n（$n\geqslant 1$）年后的替代率为

$$T_{2020+n}=\frac{W_{2020}^{r}\times(1+f)^{n-1}}{W_{r-1}^{2020}(1+g)^{n-1}}=\eta\times\left(\frac{1+f}{1+g}\right)^{n-1}$$

因为 $f<g$，因此 $\frac{1+f}{1+g}<1$

所以 $T_{2020+n}>\eta$

因此，笔者认为要从整个社会角度去评估退休者的退休生活水平，必须采用综合替代率这一指标，即综合替代率就是某一地区或国家的退休者的某年平均退休金除以该年度的社会平均工资。基于此，我们得到

$$\text{第 } t \text{ 年度养老金综合替代率 } T=\frac{t\text{ 年度平均退休金}}{t\text{ 年度平均工资}}=\frac{W_{2020}^{r}\prod_{t=2021}^{t}(1+f_t)}{W_{2020}\prod_{t=2021}^{t}(1+g_t)} \tag{3.10}$$

二、参数取值及说明

（一）总和生育率

根据第六次人口普查公布的数据，2010 年城镇和农村的生育率分别为 0.98 和 1.44。2019 年全国总和生育率为 1.47。2021 年 5 月 11 日，第七次人口普查数据出炉，我国总和生育率仅 1.3。尽管中共中央政治局于 2021 年 5

月31日召开会议，审议《关于优化生育政策促进人口长期均衡发展的决定》并指出，为进一步优化生育政策，实施一对夫妻可以生育三个子女政策及配套支持措施，但目前有意愿且有能力生育二孩的妇女占育龄妇女的20%（景鹏和胡秋明，2017），而有生三胎意愿的育龄妇女则更少。假设以后各年总和生育率为1.6，育龄妇女生育年龄在16～49岁，最佳生育年龄在25～32岁。参考近几年全国育龄妇女分年龄总和生育率分布，我们得到测算期内全国育龄妇女分年龄生育率分布，如表3－6和图3－9所示。

表3－6 2020—2050年全国育龄妇女分年龄总和生育率分布

年龄	生育率	年龄	生育率
15	0.001027327	33	0.060606061
16	0.003510825	34	0.044056848
17	0.009272324	35	0.037508372
18	0.01869887	36	0.033699543
19	0.029716258	37	0.024927746
20	0.039652363	38	0.018631774
21	0.05649303	39	0.01480414
22	0.072927784	40	0.011299435
23	0.120495842	41	0.007675133
24	0.113023952	42	0.004252984
25	0.115162871	43	0.002852183
26	0.114142521	44	0.000970992
27	0.116814615	45	0.000892061
28	0.116761566	46	0.000538155
29	0.112760192	47	0.000421186
30	0.100701654	48	0.000201877
31	0.100207062	49	0.000103348
32	0.100003396		

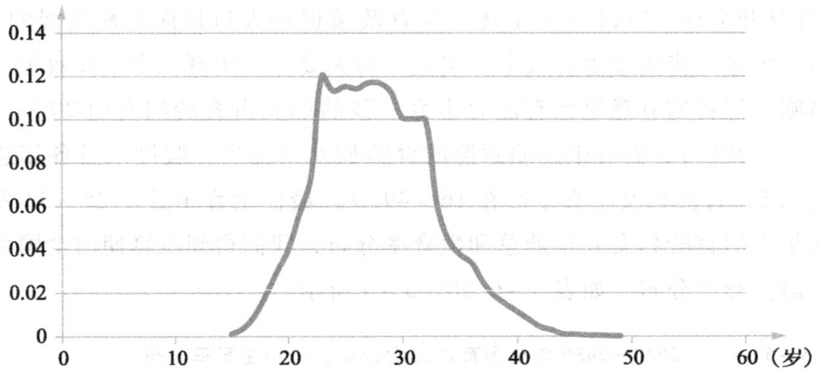

图3-9 生育率分布图

（二）生命表的选择

由表3-5可以看出，1990—2020年的30年中国零岁平均寿命增加8—9岁。2020年中国平均寿命为77岁，其中，男性平均寿命为73.6岁，女性平均寿命为79.43岁。中国保监会于2010年12月28日发布了《中国人身保险业经验生命表（2010—2013）》（以下简称新生命表）。新生命表包括非养老金业务一、二男女表和养老金业务男女表共三套六张表，简称“CL（2010—2013）”。非养老金业务一表男性平均寿命为75.92岁，女性平均寿命为81.21岁。非养老金业务二表男性平均寿命为79.85岁，女性平均寿命为84.94岁。养老金业务表男性平均寿命为82.63岁，女性平均寿命为87.63岁。鉴于我国人均寿命还会继续延长，且我们测算的时间阶段为2020—2050年，故采用《中国人身保险业经验生命表（2010—2013）》二表最为合适。

（三）参加工作年龄和退休年龄假设

当前企业一般对个人教育学历有较高要求，故假设平均参保年龄为20岁。

当前我国退休制度规定，退休年龄为男性60岁，女性55岁。假设测算年间，男女退休年龄不变。

（四）第二、三产业就业人数占整个就业人数的比例

中国第二、三产业就业人数比例从2000年的50%提升到2019年的74%。而2019年日本、韩国第二、三产业就业人数比例分别为96.6%、95.1%。我们假设中国在2050年第二、三产业就业人数比例达到韩国水平，即95%，那

么每年提高的比例为增加 0.7%，如表 3－7 所示。

表 3－7 中国未来各年第二、三产业就业人数占整个就业人数的比例

年份	比例	年份	比例
2019	74%	2035	85.2%
2020	74.7%	2036	85.9%
2021	75.4%	2037	86.6%
2022	76.1%	2038	87.3%
2023	76.8%	2039	88.0%
2024	77.5%	2040	88.7%
2025	78.2%	2041	89.4%
2026	78.9%	2042	90.1%
2027	79.6%	2043	90.8%
2028	80.3%	2044	91.5%
2029	81.0%	2045	92.2%
2030	81.7%	2046	92.9%
2031	82.4%	2047	93.6%
2032	83.1%	2048	94.3%
2033	83.8%	2049	95.0%
2034	84.5%	2050	95.0%

（五）新生儿性别比

人口学家认为新生儿正常的男女比约为 106∶100。在人口统计学上，一般正常范围则在 102—107。如果高于或低于这个范围，背后则可能反映出环境、社会、医疗等因素的影响。在我国 2000 年出生的人口，男女比例大概为 118.23，其中男生 783 万人，女生 662 万人，男生比女生多 121 万人。2016 年我国出生性别比为 112.88，性别比连降 8 年。之后又有所上升，2019 年我国出生性别比为 113.93。这种高于正常范围的数字，可能和我国家庭重男轻女的封建思想有关。考虑到我国现在生育放开，以后这种影响会减少，可以假设 2020—2050 年新生儿男女比例为 110∶100。

（六）参保职工人数与退休人数的计算

首先，我们以 2019 年全国分年龄、性别的千分之一人口抽样调查数和已

知2019年全国人口总数140005万人（男性人数71527万人、女性人数68478万人），得到2019年全国分年龄、性别人口结构数，如表3－8所示。运用人口测算的分要素分析法，逐步计算2020—2050各年全国分年龄、性别的人口数。对于零岁以上人口，t年x岁人口数用$t-1$年x岁人口数乘以该年未来一年死亡率得到；对于新生儿，用$t-1$年分年龄育龄妇女人口数分别乘以分年龄生育率并加总得到新生儿总数，然后利用新生儿男女自然比例算出不同性别新生儿总数。然后将t年中属于在职职工年龄的人员加总，得到t年在职职工总数；将t年中属于退休年龄以上的人员加总得到t年退休人员总数。根据总和生育率、生命表假设、参加工作年龄和退休年龄假设，我们得到2020—2050年在职职工和退休职工人数。只要将2020—2050年在职职工和退休职工人数乘以第二、三产业就业人员占整个就业人员比例，就得到2020—2050年城镇企业适龄劳动力人口数和城镇企业退休人口数，如表3－9所示。

表3－8　　2019年全国分年龄、性别的人口数　　（单位：人）

年龄	男	女	年龄	男	女
0	7802353	6848544	18	7734395	6544648
1	8085726	7103713	19	7945963	6735705
2	9065347	8109004	20	7690800	6570294
3	9266657	8129520	21	8294729	7131923
4	8557585	7460181	22	8163941	7084479
5	8743508	7587125	23	8462700	7451205
6	8587076	7335802	24	9515409	8519327
7	8607592	7349907	25	9514127	8768085
8	8492192	7252455	26	9906488	9251497
9	7510005	6368979	27	10257819	9538722
10	8596052	7106278	28	11009204	10279868
11	8531941	7135770	29	13405687	12881571
12	8297293	7004979	30	13519805	13205982
13	8272931	7003697	31	12419654	12199409
14	8012639	6771608	32	12996656	12826434
15	8057517	6798536	33	11677244	11668554
16	7250996	6112527	34	10015478	9961868
17	7813893	6584398	35	9918028	9824666

续表

年龄	男	女	年龄	男	女
36	9821861	9670795	66	7415121	7739714
37	11278472	11036401	67	7184320	7505060
38	10037276	9759271	68	5968768	6334358
39	9280761	9007867	69	5911068	6157406
40	10098822	9696440	70	5617438	5758624
41	9844941	9533593	71	4710903	4985422
42	9208957	8856561	72	4423684	4686656
43	10468104	10072142	73	3936438	4289155
44	10686083	10323465	74	3481247	3840365
45	11525941	11158215	75	3270962	3558268
46	12084993	11633933	76	2831158	3191542
47	12433758	11980143	77	2660622	3015872
48	12669688	12173764	78	2487521	3009461
49	13667261	13280353	79	2300316	2665816
50	12396574	12105804	80	1865641	2324735
51	13546732	13249579	81	1887439	2368332
52	10770710	10617102	82	1634840	2046485
53	11829829	11592901	83	1452764	1911848
54	11779822	11519812	84	1162980	1710533
55	11356687	11274901	85	1082200	1472033
56	13155652	12895676	86	950130.5	1343807
57	10782250	10690191	87	697531.7	1014267
58	5581536	5722721	88	523148.8	777048.8
59	6799652	6713907	89	474424.1	687290.7
60	6216238	6035592	90	293630.1	521879.3
61	7990841	7789722	91	269267.7	484693.8
62	8734533	8620625	92	178229.6	328258.2
63	7951092	8082077	93	101296	266709.8
64	8174199	8253899	94	79498.09	187209.8
65	8098548	8318012	95	150020.6	426992.1

表 3-9 未来各年全国企业适龄劳动力人数、退休人员人数 (单位：人)

年份	在职职工人数	退休人员人数
2020	588403482.3	234340011.9
2021	591010235.6	245110157
2022	590508779.2	258881324.6
2023	585355822.4	276297913
2024	583472881.1	291329517.1
2025	580220187	307479690.9
2026	587587608.2	313108723.2
2027	586271935.3	327199091.6
2028	583181953.4	343036368.1
2029	590490023.8	348151921.7
2030	586022304.4	363263421.5
2031	584145152.3	376958559.2
2032	583236790	389498354.9
2033	591004743.4	392983480.8
2034	591285932.5	403891664.9
2035	600324728.4	405454004.8
2036	603358219.5	413749077.8
2037	614691174.3	413136385.2
2038	615762223.6	420689952.2
2039	624250006.4	419912705.8
2040	634507625	417912100.7
2041	643709363.1	416031132
2042	643038243.3	423051259.3
2043	651483942.2	419928293
2044	651451534.4	424273080.8
2045	658758311.4	420216232.6
2046	655599101	425747512.8
2047	649682893.7	433230268.3

续表

年份	在职职工人数	退休人员人数
2048	645076845.5	438432802.7
2049	638974742.1	444441517.3
2050	627911902.8	446810480.3

（七）遵缴率、缴费率和投资收益率

受养老保险关系转移接续不畅、企业生产经营困难、职工对制度持续性缺乏信心等因素影响，养老保险“参而不缴”的现象较为突出。《中国社会保险发展年度报告》显示，城镇职工基本养老保险遵缴率（缴费人数占参保在职职工比重）由2010年的86.5%降至2015年的80.3%，近几年在80%上下浮动。本文预期未来随着国家法制的完善和治理水平的提高，遵缴率会有所上升，故假设未来遵缴率保持在90%。

根据国发〔2005〕38号文件，城镇职工基本养老保险统筹账户缴费率为20%，个人账户缴费率为8%。十三届全国人大二次会议上国务院总理李克强作的政府工作报告指出，自2019年起将明显降低企业社保缴费负担，下调城镇职工基本养老保险单位缴费比例，各地可降至16%。据此，我们假设未来各年城镇职工基本养老保险单位缴费率为16%。

由于体制机制障碍和缺乏合适的投资渠道，我国基本养老保险基金投资收益率很低，年均收益率不足2%。由此，假设基金投资收益率与一年定期银行存款利率相同，取值为2%。

（八）通货膨胀率

假设我国未来的通货膨胀平均水平在2%～4%变动。从表3－10和图3－10可以看出，我国经济自2001年以来一直处于低通货膨胀状况，CPI在－0.8%—5.9%变动，20年间平均CPI为2.3%。但当前和以后仍面临相当大的通货膨胀压力。根据新冠肺炎疫情发展的情况、全球经济衰退的影响以及中国经济面临的新情况，笔者认为中国未来经济会出现持续的低通货膨胀趋势，即我国未来的通货膨胀水平应在3%上下波动。

表 3－10　　中国历年 CPI 值

年份	居民消费价格指数	年份	居民消费价格指数
2001	100.7	2011	105.4
2002	99.2	2012	102.6
2003	101.2	2013	102.6
2004	103.9	2014	102
2005	101.8	2015	101.4
2006	101.5	2016	102
2007	104.8	2017	101.6
2008	105.9	2018	102.1
2009	99.3	2019	102.9
2010	103.3	2020	102.5

数据来源：《中国统计年鉴（2021）》

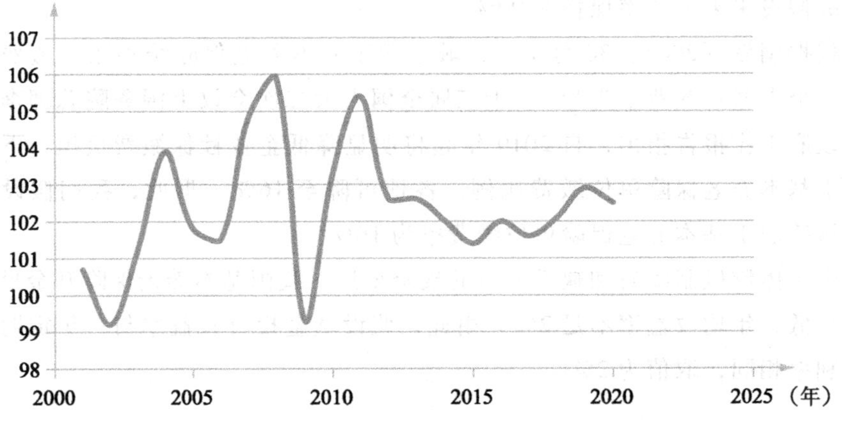

图 3－10　中国历年居民消费价格指数趋势图

（九）GDP 增长率

根据表 3－1 我们计算得到，2000—2017 年我国 GDP 增长率平均达到 9%，但从 2010 年起逐年下降，2018 年、2019 年、2020 年分别降为 6.75%、5.95%、2.3%，我们预期中国经济在新冠肺炎疫情以后会快速上升且保持稳定增长，假设 2020—2050 年，各年 GDP 增长率为 5% 左右。

（十）缴费基数、平均工资及其增长率

国发〔2005〕38号文件规定养老保险缴费基数为上年度在岗职工平均工资，周娅娜等（2017）通过研究认为实际缴费基数占上年度在岗职工平均工资的比重逐年下降，如2010年为72.22%，而到2015年降至68.06%。近几年缴费基数保持为上年度在岗职工平均工资的68%左右。为体现真实的缴费情况，预计随着国家制度的完善和治理结构的调整，真实缴费占平均工资的比重会上升，本文假设未来各年缴费基数保持为上年度在岗职工平均工资的85%。根据《中国统计年鉴》公布的全国城镇单位平均工资总额，2019年平均工资为93383元/年，即7782元/月，则2019年缴费基数为79375元/年，即6614元/月。自2000年以来，我国城镇非私营单位就业人员平均工资年平均增长率为8.8%，城镇私营企业单位就业人员年平均工资增长率为11%。考虑到多年来，我国年平均工资增长率实际上等于通货膨胀率加GDP增长率，因此我们假设2020—2050年，平均工资增长率为8%。

（十一）基年（2019年）基础养老金

我们利用《中国劳动统计年鉴（2020）》公布的2019年基本养老保险基金支出除以2019年基本养老保险参保离退休人员数，得到2019年基本养老保险人均支出额为40000元，除以12得到月支出为3332元。由于当前基础养老金占整体基本养老金的2/3，因而得到当前我国城镇企业职工退休年均基础退休金为26659元，折算成月基础退休金为2222元。

（十二）失业率

自2000年以来，《中国劳动统计年鉴》公布的城镇登记失业率平均为4%，变动范围为3.1%～4.3%。我们假定2020—2050年中国城镇失业率为4%。

三、测算

依据公式（3.6）及参数假设，我们根据当前我国社会养老保险养老金待遇调整的理论和理念，得到以下三种调节方案：

$$f_t = \begin{cases} 3\%\text{，基础养老金调整率与通货膨胀率同步} \\ 8\%\text{，基础养老金调整率与工资调整率同步} \\ 3\% + \alpha \times 5\% \quad 0.4 \leqslant \alpha \leqslant 0.8 \end{cases} \tag{3.11}$$

（一）第一种调整方案评估结果

1. 测算结果与分析

第一种调整方案就是养老金调整率与通货膨胀率同向同步，其目的就是使退休者养老水平不至于因为通货膨胀而降低，养老基金不贬值。将以上假设的参数数值代入公式（3.7）、（3.8）、（3.9），利用 EXCEL 计算得到：

$PV = 5679973$ 亿元，$APV = 3658211$ 亿元

$\sigma = PV - APV = 2021762$ 亿元 >0

从表面上看，整个阶段收入大于支出，但养老金综合替代率①会急速下降，如图 3－11 所示。由表 3－11 可知，从 2020 年的 33% 下降到 2050 年的 8.1%，最终不能保障退休者的生活。

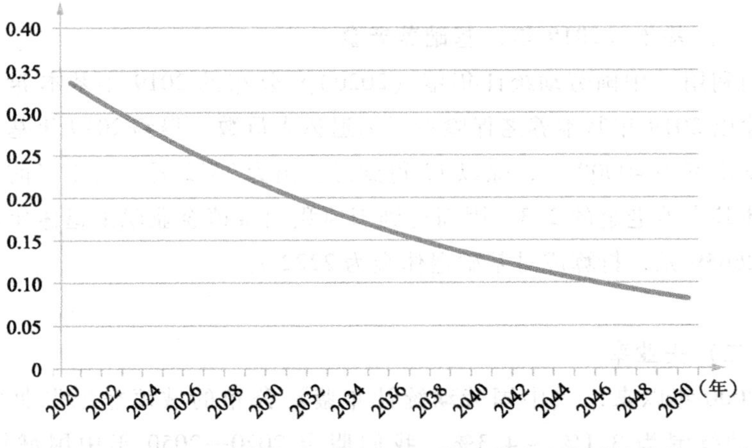

图 3－11　2020—2050 年基础养老金综合替代率变动趋势图

表 3－11　　第一种调整方案养老金综合替代率

年份	基础养老金综合替代率
2020	0.335861417
2021	0.320312278

① 养老金综合替代率是指当年养老金平均水平除以当年在职职工平均工资水平。

续表

年份	基础养老金综合替代率
2022	0.305483006
2023	0.291340274
2024	0.277852298
2025	0.264988766
2026	0.252720767
2027	0.241020732
2028	0.229862365
2029	0.219220589
2030	0.209071487
2031	0.199392252
2032	0.190161129
2033	0.181357373
2034	0.172961198
2035	0.164953735
2036	0.157316988
2037	0.150033794
2038	0.143087785
2039	0.136463351
2040	0.130145603
2041	0.124120344
2042	0.118374032
2043	0.112893752
2044	0.10766719
2045	0.102682598
2046	0.097928774
2047	0.093395034
2048	0.08907119
2049	0.084947524
2050	0.081014768

2. 敏感性分析

这里主要是分析养老金投资收益率对财务平衡的敏感性。在收益率分别为2%、4%、6%的情况下对收入现值、支出现值和收支现值差进行测算，得到不同投资收益率下的2020—2050年的财务收支现值金额，如表3-12所示。

我们将收益率为4%下的财务收支现值作为参照，得到投资收益率对财务收支的敏感性分析值，如表3－13所示。

表3－12　不同投资收益率下的财务收支金额　（单位：万元）

收益率	0.02	0.04	0.06
收入现值	5679973.385	3928674.837	2811108.216
支出现值	3658211.266	2661374.64	2001814.431
收支差额	2021762.119	1267300.197	809293.7851

表3－13　投资收益率对财务收支的敏感性分析　（单位:%）

收益率	0.02	0.04	0.06
收入现值	44.57733513	1	－28.44640157
支出现值	37.4557047	1	－24.78268933
收支差额	59.53300756	1	－36.14032514

从表3－13的敏感性分析数据可以看出，当收益率下降2个百分点，收入现值增加44.58%，支出现值增加37.46%，收支差额增加59.53%；而当收益率上升2个百分点，收入现值减少28.45%，支出现值减少24.78%，收支差额减少36.14%。由此可见，在第一种调整方案下，养老金财务收支指标对投资收益率非常敏感。

（二）第二种调整方案评估结果

1. 测算结果与分析

第二种调整方案就是养老金调整率与工资增长率同向同步，其目的就是使退休者养老水平和在职职工生活水平得到同向同步的提高。将以上假设的参数数值代入公式（3.7）、（3.8）、（3.9），得到：

$PV=5679973$ 亿元，$APV=8892711$ 亿元

$\sigma=PV-APV=-3212738$ 亿元 <0

采用第二种调整方案，从表3－14和图3－12可以看出，2020—2050年基础养老金综合替代率保持在33.6%，稳定性强，基础养老金养老保障水平高，能够很好地保障退休者的生活水平，但财务上出现严重负债，赤字现值达到3212738亿元。

表 3 - 14　　第二种调整方案基础养老金综合替代率

年份	基础养老金综合替代率
2020	0.335861417
2021	0.335861417
2022	0.335861417
2023	0.335861417
2024	0.335861417
2025	0.335861417
2026	0.335861417
2027	0.335861417
2028	0.335861417
2029	0.335861417
2030	0.335861417
2031	0.335861417
2032	0.335861417
2033	0.335861417
2034	0.335861417
2035	0.335861417
2036	0.335861417
2037	0.335861417
2038	0.335861417
2039	0.335861417
2040	0.335861417
2041	0.335861417
2042	0.335861417
2043	0.335861417
2044	0.335861417
2045	0.335861417
2046	0.335861417
2047	0.335861417
2048	0.335861417
2049	0.335861417
2050	0.335861417

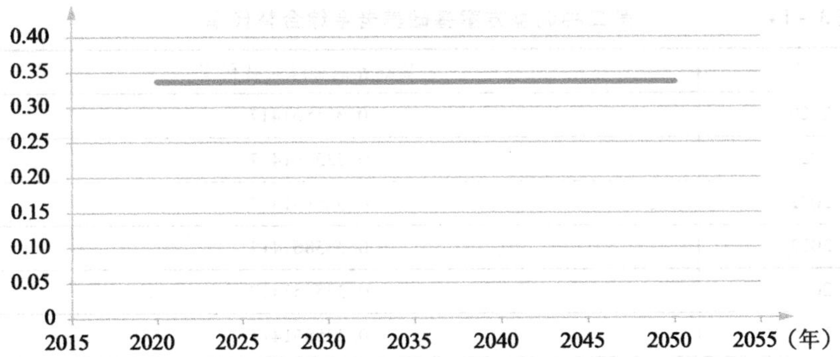

图 3－12　2020—2050 年基础养老金综合替代率变动趋势图

2. 敏感性分析

在收益率分别为 2%、4%、6% 的情况下对收入现值、支出现值和收支现值差进行测算，得到不同投资收益率下的 2020—2050 年的财务收支现值金额，如表 3－15 所示。我们将收益率为 4% 下的财务收支现值作为参照，得到投资收益率对财务收支的敏感性分析值，如表 3－16 所示。

表 3－15　不同投资收益率下的财务收支金额　（单位：万元）

收益率	0.02	0.04	0.06
收入现值	5679973.38	3928674.837	2811108.216
支出现值	8892711.76	6068841.15	4274361.26
收支差额	－3212738.4	－2140166.31	－1463253.044

表 3－16　投资收益率对财务收支的敏感性分析　（单位:%）

收益率	0.02	0.04	0.06
收入现值	44.5773351	1	－28.44640157
支出现值	46.5306397	1	－29.56874048
收支差额	50.116295	1	－31.62900309

从表 3－16 的敏感性分析数据可以看出，当收益率下降 2 个百分点，收入现值增加 44.58%，支出现值增加 46.53%，收支差额增加 50.12%；而当收益率上升 2 个百分点，收入现值减少 28.45%，支出现值减少 29.57%，收支差额减少 31.63%。由此可见，在第二种调整方案下，养老金财务收支指标对投资收益率极度敏感。

（三）第三种调整方案评估结果

1. 测算结果与分析

第三种调整方案的目的是既要保障退休者未来生活水平不会因通货膨胀而降低，还要保障退休者能够分享经济增长和科技进步带来的成果。

对于第三种调整方案，我们分三种情况评估，即分别在 $a=0.4$、$a=0.6$、$a=0.8$ 的情况下进行评估。将以上假设的参数数值代入公式（3.7）、（3.8）、（3.9），得到：

（1）当 $a=0.4$ 时，测算得到：

$PV=5679973$ 亿元，$APV=5149996$ 亿元

$\sigma=PV-APV=529976$ 亿元 >0

从财务平衡角度看，2020—2050 年收入大于支出，略有结余。但综合替代率从 2020 年的 33.6% 下降到 2050 年的 14.4%，下降趋势严重，保障能力不足，如表 3-17、图 3-13 所示。

表 3-17　　第三种养老金调整方案综合替代率（当 $a=0.4$）

年份	基础养老金综合替代率
2020	0.335861417
2021	0.326531934
2022	0.317461602
2023	0.308643224
2024	0.300069801
2025	0.291734529
2026	0.283630792
2027	0.275752159
2028	0.268092377
2029	0.260645366
2030	0.253405217
2031	0.246366183
2032	0.239522678
2033	0.232869271
2034	0.22640068
2035	0.220111772

续表

年份	基础养老金综合替代率
2036	0. 213997556
2037	0. 20805318
2038	0. 202273925
2039	0. 196655204
2040	0. 19119256
2041	0. 185881655
2042	0. 180718276
2043	0. 175698324
2044	0. 170817815
2045	0. 166072876
2046	0. 16145974
2047	0. 156974747
2048	0. 152614338
2049	0. 148375051
2050	0. 144253521

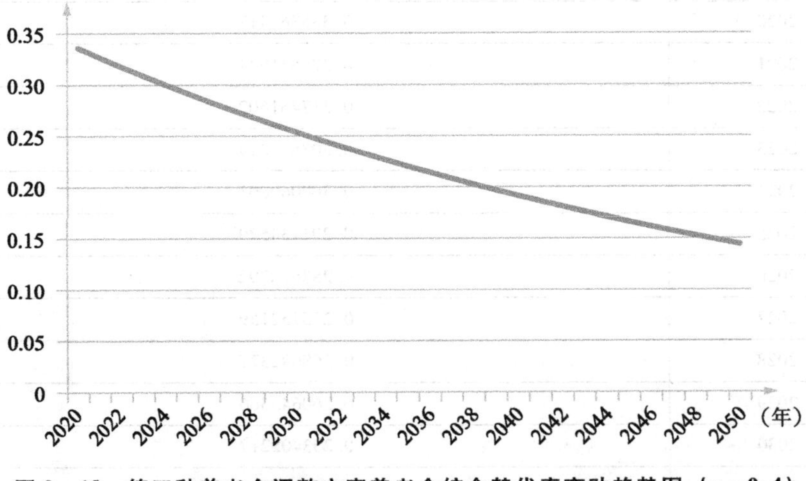

图 3-13 第三种养老金调整方案养老金综合替代率变动趋势图（$a=0.4$）

（2）当 $a=0.6$ 时，测算得到：

$PV=5679973$ 亿元，$APV=6153462$ 亿元

$\sigma=PV-APV=-473488$ 亿元 <0

从保障水平角度看，相比于第一种情况，2020—2050年综合替代率从2020年的33.6%下降到2050年的19.2%，保障能力有所提高，但依然不足。从财务平衡角度看，收不抵支，出现47.3万亿元的资金缺口，如表3-18、图3-14所示。

表3-18　　第三种养老金调整方案综合替代率（当 $a=0.6$）

年份	基础养老金综合替代率
2020	0.335861417
2021	0.329641761
2022	0.323537284
2023	0.317545853
2024	0.311665374
2025	0.305893793
2026	0.300229094
2027	0.294669296
2028	0.289212457
2029	0.28385667
2030	0.278600065
2031	0.273440805
2032	0.268377086
2033	0.26340714
2034	0.25852923
2035	0.253741652
2036	0.249042733
2037	0.24443083
2038	0.239904333
2039	0.23546166
2040	0.231101259
2041	0.226821606
2042	0.222621206
2043	0.218498591
2044	0.214452321
2045	0.210480982
2046	0.206583186
2047	0.202757571

续表

年份	基础养老金综合替代率
2048	0. 199002801
2049	0. 195317564
2050	0. 191700572

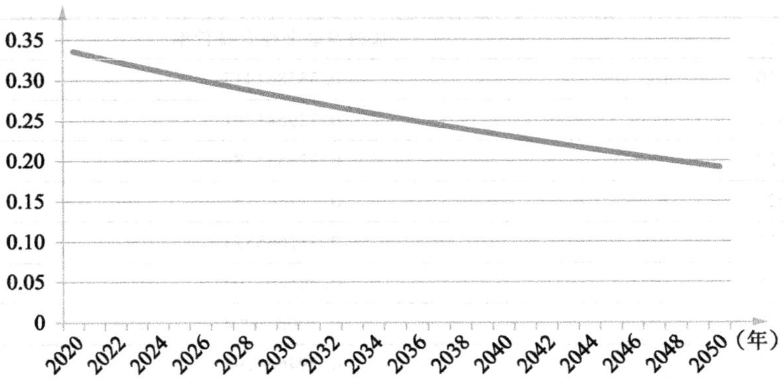

图3－14　第三种调整方案基础养老金综合替代率变动趋势图（$a=0.6$）

（3）当 $a=0.8$ 时，测算得到：

$PV=5679973$ 亿元，$APV=7383285$ 亿元

$\sigma=PV-APV=-1703312$ 亿元 <0

从表 3－19、图 3－15 可以看出，2020—2050 年综合替代率从 2020 年的 33.6%下降到 2050 年的 25.4%，保障能力充足，但财务收支不平衡严重，存在 170 万亿元的巨大资金缺口。

表 3－19　　第三种养老金调整方案综合替代率（当 $a=0.8$）

年份	基础养老金综合替代率
2020	0. 335861417
2021	0. 332751589
2022	0. 329670556
2023	0. 326618051
2024	0. 32359381
2025	0. 320597571
2026	0. 317629075
2027	0. 314688065
2028	0. 311774286

续表

年份	基础养老金综合替代率
2029	0. 308887488
2030	0. 306027418
2031	0. 303193831
2032	0. 300386481
2033	0. 297605124
2034	0. 294849521
2035	0. 292119433
2036	0. 289414624
2037	0. 286734859
2038	0. 284079906
2039	0. 281449537
2040	0. 278843522
2041	0. 276261638
2042	0. 27370366
2043	0. 271169367
2044	0. 268658539
2045	0. 26617096
2046	0. 263706414
2047	0. 261264688
2048	0. 258845571
2049	0. 256448852
2050	0. 254074326

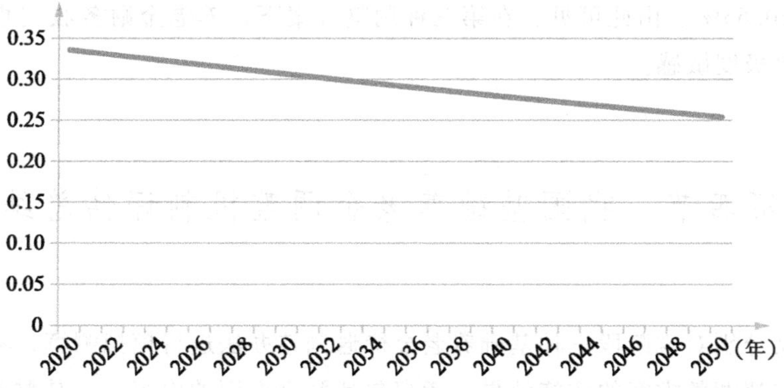

图 3－15　第三种调整方案基础养老金综合替代率变动趋势图（$a=0.8$）

2. 敏感性分析

我们以第二种情况方案为例，当 $a=0.6$ 时，测算投资收益率对财务平衡的影响。

在收益率分别为2%、4%、6%的情况下对收入现值、支出现值和收支现值差进行测算，得到不同投资收益率下的2020—2050年的财务收支现值金额，如表3－20所示。我们将收益率为4%下的财务收支现值作为参照，得到投资收益率对财务收支的敏感性分析值，如表3－21所示。

表3－20　不同投资收益率下的财务收支金额　（单位：万元）

收益率	0.02	0.04	0.06
收入现值	5679973.38	3928675	2811108.216
支出现值	6153461.55	4301465	3106985.686
收支差额	－473488.17	－372790	－295877.4701

表3－21　投资收益率对财务收支的敏感性分析　（单位:%）

收益率	0.02	0.04	0.06
收入现值	44.5773351	1	－28.44640157
支出现值	43.0550332	1	－27.76912039
收支差额	27.0121308	1	－20.63153753

从表3－21的敏感性分析数据可以看出，当收益率下降2个百分点，收入现值增加44.58%，支出现值增加43.06%，收支差额增加27.01%；而当收益率上升2个百分点，收入现值减少28.45%，支出现值减少27.77%，收支差额减少20.63%。由此可见，在第三种调整方案下，养老金财务收支指标对投资收益率极度敏感。

第四节　我国基础养老金调整机制评估总结

上文分别对现阶段三种基础养老金待遇调整办法进行模拟测算，考察各种养老金待遇调整方案的实施效果。考察包括两个方面的内容：一是财务是否平衡，主要比较2020—2050年养老金收入现值和支出现值的差额；二是待遇水平，主要比较各年的养老金综合替代率是否平稳延续，是否能将养老金保障水平保持在合理范围内。

根据前面的测算和分析，可以发现第一种调整方法，即基础养老金调整率与通货膨胀率同向同步调整，会导致未来基础养老金替代率迅速下降，最终严重影响退休者的退休生活；第二种调整方法，即基础养老金调整率与工资增长率同步同向调整，虽然确保基础养老金替代率保持较高水平，但会产生巨大的财务缺口，最终使社会养老保险制度不可持续。对于第三种调整方法，我们分为三种情况进行分析。第一种情况是当调整系数 $a=0.4$，此时收入大于支出，但结余不多，且综合替代率从 2020 年的 33.6% 下降到 2050 年的 14.4%，保障能力不足。第二种情况是当调整系数 $a=0.6$，收不抵支，缺口达 47.3 万亿元，综合替代率也从 2020 年的 33.6% 下降到 2050 年的 19.2%，保障能力有所提高但依然不足。第三种情况是当调整系数 $a=0.8$，尽管综合替代率从 2020 年的 33.6% 下降到 2050 年的 25.4%，保障能力充足，但会导致收不抵支的结果，财务缺口高达 170 万亿元。

从敏感性分析来看，现阶段三种养老金调整政策的财务平衡对养老金收益率的敏感性都非常大。我们将收益率为 4% 的财务收支现值和差额作为参照，对于第一种调整方案，当收益率下降 2 个百分点，收支差额增加 59.53%，而当收益率上升 2 个百分点，收支差额减少 36.14%；对于第二种调整方案，当收益率下降 2 个百分点，收支差额增加 50.12%，而当收益率上升 2 个百分点，收支差额减少 31.63%；对于第三种调整方案，当收益率下降 2 个百分点，收支差额增加 27.01%，而当收益率上升 2 个百分点，收支差额减少 20.63%。相比之下，第一种养老金调整政策的财务平衡对养老金收益率的敏感性最大，也就是养老金调整率越低，财务平衡对养老金收益率的敏感度就越大。

我们可以确定现阶段的三种调整方法都存在不足，第一、第三种调整方法会导致以后综合替代率迅速下降，总体离目标替代率 35% 的保障水平相距较大。第二种调整方法可以确保退休者未来生活水平保持在一定合理水平上，即保持基础养老金综合替代率接近 35%，但会出现较大的基金缺口，可能会增加财政压力，影响社会养老保险制度的可持续性。之所以如此，在于当前的调整政策没有考虑老年抚养比、预期寿命延长以及退休年龄延迟等因素对养老金财务长期平衡的影响。

第四章 我国社会养老保险财务平衡自动调整机制的设计与实施效果评估分析

第一节 我国建立社会养老保险财务平衡自动调整机制的迫切性

从我国社会养老保险发展的现实情况看，建立社会养老保险财务平衡自动调整机制已经到了非常紧迫的地步，主要有以下几个原因：

一是“调待”政策的可持续性问题。养老金“调待”是备受关注的民生政策，传统靠行政政策确定的“十八连调”已形成固化的社会预期，每年“调待”政策的出台面临越来越大的压力，迫切需要出台正常化的机制来引导社会理性。

二是“调待”政策的福利化倾向。从过去“十八连调”的过程可以看出，养老金待遇调整与物价、工资增长、财务收支状况等参数关联不大。在实际执行过程中具体的“调待”政策由各地出台文件加以实施，各省大都采取了定额调整、挂钩调整与适当倾斜相结合的调整办法。待遇调整政策越来越被视为一种“福利”政策，越来越远离了社会保险制度的收支平衡的精算原则。

三是“调待”政策的碎片化。虽然养老保险待遇“十八连调”的过程中，各地每年基本养老保险待遇调整的幅度基本一致，但由于地方性的差异，各地在养老金的调整幅度以及对不同退休群体的调整政策上都有着一定差别，使“调待”政策趋于碎片化，与国际上通行的统一指数化调整政策有很大差别。

四是抵御老龄化和预期寿命延长风险的需要。在我国初始养老金确定公式和各年养老金调整政策中，并没有引入与预期寿命相关的变量，也没有与养老金计划制度赡养率或养老基金收入支出相关的变量，这使长寿风险和老龄化风险在养老基金的支出端没有得到分散，而老龄化趋势的加速以及预期寿命的延长，势必会加大养老金支出，最终导致收大于支。这些风险累积到一定程度，会使未来养老基金的支付能力难以得到保障，将会加大在职职工的养老负担，打击年青一代的制度信心。

五是保持社会养老保险财务长期平衡的需要。保持社会养老保险财务长期平衡是社会养老保险制度可持续发展的关键。在人口老龄化加速的情况下，退休人口增速高于缴费人口增速，养老金收入增长速度赶不上养老金支出增长速度，加上我国社会养老保险存在巨量的社会养老保险改革转制成本，未来必然出现巨大缺口。为了维持收支平衡，政策制定者需要在降低待遇水平和提高缴费率之间做出权衡，这是现收现付制度难以保持长期固定不变的待遇调整指数的主要原因。要保持社会养老保险的缴费率相对稳定，那么只有适当降低待遇水平来达到财务平衡。为确保养老保险财务平衡，除了国家财政对社会养老保险进行补贴外，适当降低退休者的待遇水平，让退休者适当分担老龄化、寿命延长导致的财务不平衡风险，这是合理的。

第二节　建立我国社会养老保险自动调整机制的基本原则

养老金调整的制度设计应当具备严谨性和科学性。如果调整指数过高，则退休人口受保障程度较高，但会使在职者负担过重，影响社会生产的劳动效率以及经济发展。如果调整指数过低，又无法保障退休人口的生活免受经济波动的影响，给社会稳定造成危害，间接地也会影响社会经济发展。因此，根据社会福利补偿理论，同时结合中国的现实国情，并吸收发达国家公共养老金调整指数运行的经验和教训，提出以下养老金调整指数设计应遵循的基本原则。

一、坚持公平与效率的统一与兼得原则

通常社会养老保险资金支出规模庞大，给付水平通常具有刚性的特点，一旦调整不容易下降；而对已退休者的养老金指数化调整所需要的资金主要来源于在职者的缴费，如果调整指数设置过高会导致在职者负担过重，企业的劳动力成本上升，竞争能力下降，经济效益下降，最终养老金指数化调整所需要资金供给也会陷入困境。可以说，坚持公平与效率的统一与兼得的原则是对养老金建立调整指数所遵循的首要原则，是坚持其他原则的基础。

二、保障基本生活需要的原则

中国作为一个发展中国家，在经济基础还比较薄弱的条件下，为了保持经济的持续稳定发展，对养老金进行指数化调整的幅度不能过高，只能保障基本的生活需要，以保持城镇企业的竞争力。也就是说，中国养老金适度调整指数的建立是在仅满足最基本生活需要的框架下进行的。

三、财务可持续性原则

我国社会养老保险建立可持续调整的自动调整机制必须是双重目标，既要保障退休者的基本生活需要，又要追求财务长期可持续。根据世界各国的经验，基于指数化调整的养老金资金供给主要来自在职者的缴费，因此，在对养老金调整时应当适当考虑养老金计划资金供给的现实情况，以养老金收支平衡为约束条件。

四、再分配和激励性原则

首先，待遇调整政策对代际再分配有潜在影响。提高调待幅度，意味着资源由年轻人口向退休人口的再分配。例如，1960—1983 年的 23 年德国的税后净社会平均工资增长率为 4.47%，养老金待遇指数为 5.24%，而养老金领取是免税的，所以养老金调整指数是高于在职职工的收入增长速度的。其次，由长寿因素带来的代内再分配。由于富人的平均预期寿命总体水平高于穷人，过于慷慨的待遇调整指数意味着资源由穷人向富人的逆向再分配。最后，从生命周期理论出发，养老金待遇调整涉及个人的参保决策，从而对就业和储蓄产生正向或负向的激励效应。因此，政策制定者在设计政策时应尽量避免这种负面效应，保持“调待”政策对于就业影响的

“中性”。①

第三节　我国社会养老保险财务平衡自动调整机制的方案设计

通过前面分析，目前我国各省市基本上实行每年一次的指数化调整，调整比例分为三类：一是根据 CPI 等物价指数进行调整，以抵御通货膨胀对养老金的侵蚀；二是根据工资增长率的一定比例进行调整，以保障老年人口分享经济增长成果；三是根据物价指数和工资增长率的某种权重组合变化进行调整。可见中国当前养老金调整机制只考虑了两个参数，即价格指数与工资指数，其调整目的是要保障退休者的生活水平不会因为通货膨胀而降低的同时，使退休者能够分享经济增长与科技进步带来的成果。但是从国外经验以及中国人口发展趋势看，随着人口老龄化趋势以及人均预期寿命的逐步提高，人们很难再将抚养负担和预期寿命等因素排除在养老金制度的动态调整之外，很多学者认为有必要将在职职工抚养比、人均预期寿命延长和领取养老金的资格年龄指数等参数纳入社会养老保险养老金调整政策之中。在待遇确定型（简称 DB 型）养老保险模式下，各国大都采用了渐进式的延迟退休年龄办法，随着社会人口整体预期寿命的上升逐步提高领取养老金的年龄。更多的国家根据物价指数和工资增长率、人口预期寿命和制度的长期偿付能力等构成的综合指数进行调整，如瑞典、德国等。由于我国社会养老保险面临人口快速老龄化以及退休预期寿命延长的风险，养老金调整机制更应该与人口结构、经济增长、代际公平相协调，在提供最低水平养老金的基础上（可由养老金替代率衡量），实现制度设计层面上刚性与柔性的统一。

一、方案一：指数化养老金自动调整机制

（一）初始养老金的调整

养老金指数化是将预期寿命的变化与养老金待遇挂钩。参保者退休初年领取养老金时，在其初始养老金计算中乘上预期寿命指数。根据《国务院关于

① 房连泉．建立可持续的基本养老保险待遇指数化调整机制研究［J］．人口学刊，2018（5）．

建立统一的企业职工基本养老保险制度的决定》（国发〔1997〕26 号）中的退休初年基础养老金计发办法，退休时的基础养老金月标准以当地上年度在岗职工月平均工资和本人指数化月平均缴费工资的平均值为基数，缴费每满 1 年发给 1%。t 年退休者的初始基础养老金价值可表示为：

假设 t 为年份，LE_t为 t 年退休年龄余寿，P_t^a 为 t 年退休初年的退休金，则

$$P_t^a = P_t^b \times A_t \tag{4.1}$$

其中，$A_t = \dfrac{LE_{t-2}^r}{LE_{t-1}^r}$ 称为调节因子。

$$P_t^b = \frac{W_{t-1} + W_{t-1} \times Q}{2} \times N\% \times 12$$

W_t 为 t 年退休时当地上年度在职职工月平均工资，Q 为本人平均工资指数。

$$Q = \frac{1}{N}\sum_{t=1}^{N} \frac{W_{at}}{W_t}$$

W_{at}为退休者在 t 年的月工资，N 为缴费年数。

（二）非初始养老金调整率

$$f_t = \begin{cases} g_{t-1} & \text{当 } g_{t-1} > 0 \\ 0 & \text{当 } g_{t-1} \leqslant 0 \end{cases} \tag{4.2}$$

上式中，f_t为 t 年养老金调整率，g_t为 t 年工资增长率。

非初始养老金调整率就是养老金年度增长率，之所以设定与工资增长率同向同步调整，是因为我国养老金替代率本来就较低，如果养老金调整率低于在职职工工资增长率，势必会导致养老金替代率越来越低，最终不能保障退休者的基本生活。只有将养老金调整率与在职职工工资年度增长率同向同步调整，才能确保将养老金替代率控制在适当的范围内，保障退休者的退休金既能抵御通货膨胀，又能分享经济发展的实际成果。

二、方案二：指数化退休年龄自动调整机制

预期寿命指数化退休年龄的方式有两种：一种是按照退休年龄余寿保持不变的原则推迟退休年龄；另一种是按照缴费年数与领取年数的比值保持不变的原则推迟退休年龄。前一种方式因假定退休年龄余寿保持不变，使理论制度抚养比小于实际制度抚养比，制度支出成本相对减少。后一种方式可使制度的财务状况不受预期寿命提高的影响。由于每一代人一生的工作期占比相同，这种

调整通常被认为具有公平性。中国自改革开放以来，经济快速发展的同时，人均寿命也得到了快速提高。但是，中国现在的退休年龄过低，且退休年龄制度长期没变，显然已经与中国的人口结构及经济发展不适应。为此，中国政府已经开始研究和制定新的退休年龄制度，并会在不远的将来付诸实施。鉴于此，我们采用的方法是，退休年龄和未来预期寿命均按照中国政府推出的退休年龄计划和人口发展规划来确定，在此基础上计算2020—2050年的财务平衡和替代率变动情况。

（一）初始养老金的调整

根据《国务院关于完善企业职工基本养老保险制度的决定》（国发〔2005〕38号），退休时的基础养老金月标准以当地上年度在岗职工月平均工资和本人指数化月平均缴费工资的平均值为基数，缴费每满1年发给1%。我们得到 t 年退休人员的初始基础养老金为：

$$P_t^a = \frac{W_{t-1} + W_{t-1} \times Q}{2} \times N\% \tag{4.3}$$

上式中，符号含义与公式（4.1）一致。

（二）非初始养老金调整率

$$f_t = \begin{cases} g_{t-1} & \text{当 } g_{t-1} > 0 \\ 0 & \text{当 } g_{t-1} \leqslant 0 \end{cases} \tag{4.4}$$

三、方案三：可持续因子自动调整机制

在我国社会养老保险待遇水平调整中引入可持续因子，即在养老金按照工资增长率一定比例进行调整的基础上，根据制度赡养率进行一定幅度的调整，以体现缴费人数和养老金领取人数的变动，反映基金财务平衡状况。借鉴日本宏观经济指数和德国可持续因子的使用办法，结合我国社会养老保险养老金计算公式，可将可持续因子同时应用于统筹账户的养老金指数化。加入可持续因子后的养老金调整方法可表示为：

（一）初始养老金的调整

$$P_t^a = \frac{W_{t-1} + W_{t-1} \times Q}{2} \times N\% \times R \tag{4.5}$$

上式中，$R = \frac{i_{t-2}^{l}}{i_{t-1}^{l}}$，$i_t^l$ 第 t 年的抚养比，R 反映了社会老龄化进程。

其他符号含义与公式（4.1）一致。

（二）非初始养老金调整率

$$1 + f_t = (1 + g_t) \times S \tag{4.6}$$

上式中，$S = \frac{I_t}{G_t}$，I_t和 G_t分别为年养老金总收入和总支出，$S = \frac{I_t}{G_t}$ 反映了当期收支的状况。

四、方案四：综合养老金自动调整机制

鉴于中国社会养老保险面临老龄化、财务不平衡、通货膨胀以及替代率下降等诸多风险，我们设计了一套综合养老金调整机制，即与工资增长率、支付能力、预期寿命等同时挂钩的养老金调整机制。

（一）触发机制

ABM 的触发由财务支付能力的评估来确定，模仿瑞典模型使用平衡比率 BR 这一概念。

$$BR_t = \frac{IC_{t-1} + U_{t-1}}{V_{t-1}} \tag{4.7}$$

其中，IC_{t-1}为 $t-1$ 年的缴费收入，U_{t-1}为 $t-1$ 年的基金结余，V_{t-1}为 $t-1$ 年的养老金支出。

当平衡比率 $BR \geqslant 1$ 时，养老保险制度处于财务平衡状态。在正常情况下，当年劳动者的年金权益和当年的养老金待遇随实际工资增长率和物价指数的综合变动率而调整，即养老金调整率等于名义工资增长率。当平衡比率 $BR < 1$ 时，自动平衡机制启动，养老金调整率将被缩减。

（二）初始养老金的调整

$$P_t^a = \frac{W_{t-1} + W_{t-1} \times Q}{2} \times N\% \tag{4.8}$$

上式符号概念与公式（4.3）相同。

（三）非初始养老金调整率

$$1+f_t=\begin{cases}1+g_{t-1} & \text{当 } BR_{t-1}\geq 1\\ 1+g_{t-1}-m_{t-1} & \text{当 } BR_{t-1}<1\end{cases} \tag{4.9}$$

上式中，$m_{t-1}=\max\left[(d_1+d_2),\ 0.3\right]$；$d_1$ 为参加计划的劳动力人口的下降率；d_2 为参加计划的退休人口的增长率。

（四）退休年龄假设

根据国外退休年龄的变化趋势、我国未来寿命的发展情况以及人力资源和社会保障部关于延迟退休年龄的规划，假设我国职工退休年龄变动如表 4－5 所示。

五、方案五：年金系数自动调整机制

年金系数调整法就是根据未来领取养老金现值的变化率调整养老金。这种调整养老金方法的基本原则是保持未来领取养老金的现值不变。因而，需要对未来领取的养老金折现，具体实施过程取决于计划的给付方式。

（一）初始养老金的调整

$$P_t^a=\frac{W_{t-1}+W_{t-1}\times Q}{2}\times N\%\times A_t \tag{4.10}$$

上式中，符号含义与公式（4.3）一致。

$$A_t=\frac{\ddot{a}_{t-1}^r}{\ddot{a}_t^r}=\frac{\sum_{k=0}^{\omega} v_k^k p_r^{t-1}}{\sum_{k=0}^{\omega} v_k^k p_r^t}$$

其中，$\ddot{a}_t^r$ 为退休后的年金系数，${}_kp_x^t$ 为 t 时的 x 岁人活过 k 年的概率，v 为贴现因子，预期寿命对待遇的影响就内置在年金系数内。

（二）非初始养老金调整率

$$f_t=\begin{cases}g_{t-1} & \text{当 } g_{t-1}>0\\ 0 & \text{当 } g_{t-1}\leq 0\end{cases} \tag{4.11}$$

第四节 对自动调整机制设计方案实施效果的测算[①]

对于每一个设计方案，需要测试其实施效果，而设计方案的实施效果主要看两个方面：一是看该方案保障退休者生活水平的效果，即是否能将养老金替代率保持在合理的较高区间；二是看在预测的时间阶段，其财务是否能够平衡或将财务缺口控制在较小的范围内。

一、对指数化养老金自动调整机制（方案一）实施效果的实证测算

（一）参数假设

（1）对于长寿系数 A_t 的假设。2020 年中国平均寿命为 77 岁，其中，男性平均寿命为 73.6 岁，女性平均寿命为 79.43 岁。由于 2021 年我国政府工作报告在“十四五”规划目标任务概述中提出，人均预期寿命再提高 1 岁，再根据近 20 年来的中国人均寿命延长的速度数据，可以估计我国未来每 5 年人均寿命提高 1 岁。这样到 2050 年，我国人均寿命达到 83 岁，男性人均寿命为 79 岁，女性人均寿命为 85 岁，这是比较科学的假设。我们按照现行退休年龄制度，即男性 60 岁退休，女性 55 岁退休，为了计算方便，由于男女职工比例接近 1:1，我们得到平均退休年龄为 57.5 岁，由此得到未来各年职工的 A_t 值，如表 4 – 1 所示。

表 4 – 1 未来各年职工 A_t 值

年份 t	A_t	年份 t	A_t
2020	1	2028	0.990521
2021	0.989848	2029	0.99061
2022	0.98995	2030	0.990698
2023	0.99005	2031	0.990783
2024	0.990148	2032	0.990868
2025	0.990244	2033	0.99095
2026	0.990338	2034	0.991031
2027	0.990431	2035	0.991111

① 本节以城镇企业职工基本养老保险制度为例进行实证评估。

续表

年份 t	A_t	年份 t	A_t
2036	0.991189	2044	0.99177
2037	0.991266	2045	0.991837
2038	0.991342	2046	0.991903
2039	0.991416	2047	0.991968
2040	0.991489	2048	0.992032
2041	0.991561	2049	0.992095
2042	0.991632	2050	0.992157
2043	0.991701		

（2）其他参数取值与第三章第三节的取值相同。

（二）测算结果

依据公式（4.1）、（4.2）、（3.7）、（3.8）、（3.9），我们计算得到指数化养老金自动调整机制综合替代率如表4－2所示，进而得到未来年份综合替代率变化趋势如图4－1所示。

表4－2　　指数化养老金自动调整机制综合替代率

年份	基础养老金综合替代率	年份	基础养老金综合替代率
2020	0.335861417	2036	0.332902286
2021	0.332451657	2037	0.33292813
2022	0.332485926	2038	0.332953526
2023	0.332519513	2039	0.332978487
2024	0.332552438	2040	0.333003022
2025	0.332584721	2041	0.333027144
2026	0.332616379	2042	0.333050862
2027	0.332647432	2043	0.333074186
2028	0.332677897	2044	0.333097126
2029	0.332707789	2045	0.333119691
2030	0.332737125	2046	0.333141892
2031	0.33276592	2047	0.333163735
2032	0.33279419	2048	0.333185231
2033	0.332821947	2049	0.333206386
2034	0.332849207	2050	0.33322721
2035	0.332875983		

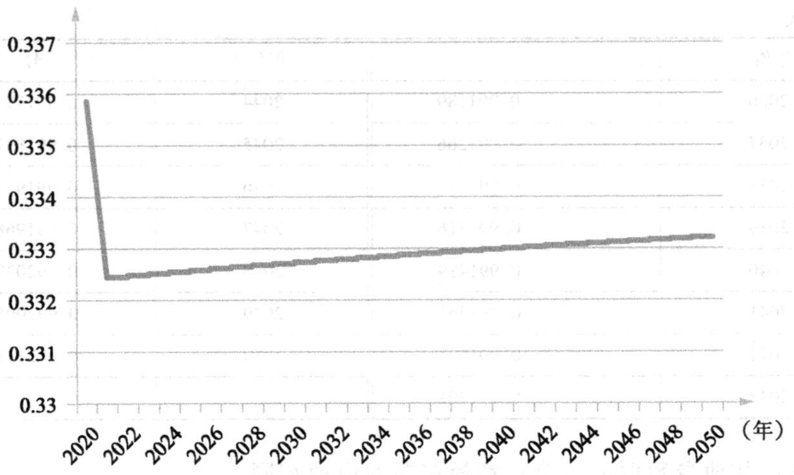

图 4－1　2020—2050 年基础养老金综合替代率变化趋势图

同时得到 2020—2050 年的财务收支平衡数值如下：

$PV = 5679973.385$ 亿元，$APV = 8817503.07$ 亿元

$\sigma = PV - APV = -3137529.686$ 亿元 <0

（三）财务平衡对收益率的敏感性分析

在收益率分别为 2%、4%、6% 的情况下对收入现值、支出现值和收支现值差进行测算，得到不同投资收益率下的 2020—2050 年的财务收支现值金额，如表 4－3 所示。我们将收益率为 4% 下的财务收支现值作为参照，得到投资收益率对财务收支的敏感性分析值，如表 4－4 所示。

表 4－3　不同投资收益率下的财务收支金额　（单位：万元）

收益率	0.02	0.04	0.06
收入现值	5679973.38	3928674.837	2811108
支出现值	8817503.07	6017144.635	4237705
收支差额	－3137529.7	－2088469.798	－1426597

表 4－4　投资收益率对财务收支的敏感性分析　（单位：%）

收益率	0.02	0.04	0.06
收入现值	44.5773351	1	－28.4464
支出现值	46.5396564	1	－29.5728
收支差额	50.2310298	1	－31.6918

从表 4－4 的敏感性分析数据可以看出，当收益率下降 2 个百分点，收入现值增加 44.58%，支出现值增加 46.54%，收支差额（缺口）增加 50.23%；而当收益率上升 2 个百分点，收入现值减少 28.45%，支出现值减少 29.58%，收支差额（缺口）减少 31.69%。

二、对指数化退休年龄调整机制（方案二）的实证测算

（一）参数假设

（1）参加工作年龄和退休年龄假设。当前企业一般对个人教育学历有较高要求，故假设平均参保年龄为 20 岁。

当前我国退休制度规定：退休年龄为男性 60 岁，女性 55 岁。但从当前各国的退休制度发展趋势看，我国退休年龄在未来会延迟。根据国外退休年龄变化趋势、我国未来寿命发展情况以及人力资源和社会保障部关于延迟退休年龄的规划，假设我国职工退休年龄变动如表 4－5 所示①。

表 4－5　公务员、事业单位与企业职工延迟退休年龄表　（单位：岁）

实施年份	新退休年龄		实施年份	新退休年龄	
	男职工	女职工		男职工	女职工
2020—2025	60	55	2036	61	59
2026	60	56	2037	61	60
2027	60	56	2038	62	60
2028	60	56	2039	62	61
2029	60	57	2040	62	62
2030	60	57	2041	63	63
2031	60	57	2042	63	63
2032	60	57	2043	64	64
2033	60	58	2044	64	64
2034	60	58	2045 +	65	65
2035	60	59			

（2）其他参数取值与第三章第三节的取值相同。

（二）测算结果

根据对未来各年退休年龄的假设，按照第三章对未来各年退休者和在职职

① 延迟退休年龄表，http：//www.cnrencai.com/shebao/yanglao/100268.html。

工人数的测算方法，我们得到未来各年全国城镇企业在职职工人数、退休人员人数，如表4－6所示。

表4－6　未来各年全国城镇企业在职职工人数、退休人员人数　（单位：人）

年份	在职职工人数	退休人员人数
2020	588403482.3	234340011.9
2021	591010235.6	245110157
2022	590508779.2	258881324.6
2023	585355822.4	276297913
2024	583472881.1	291329517.1
2025	580220187	307479690.9
2026	587587608.2	313108723.2
2027	586271935.3	327199091.6
2028	583181953.4	343036368.1
2029	590490023.8	348151921.7
2030	586022304.4	363263421.5
2031	584145152.3	376958559.2
2032	583236790	389498354.9
2033	591004743.4	392983480.8
2034	591285932.5	403891664.9
2035	600324728.4	405454004.8
2036	611850116.9	405257180.4
2037	622211210.6	405616348.8
2038	631388785.7	405063390
2039	640714855.1	403447857.1
2040	650612051.1	401807674.7
2041	668255306.3	391485188.8
2042	668750153.2	397339349.4
2043	685573903.6	385838331.7
2044	686300623.1	389423992.1
2045	702261479	376713065

续表

年份	在职职工人数	退休人员人数
2046	700813040. 5	380533573. 4
2047	696723994. 5	386189167. 5
2048	694693807. 4	388815840. 8
2049	692077106. 6	391339152. 7
2050	683924064. 4	390798318. 8

依据公式（4.3）、（4.4）、（3.7）、（3.8），我们计算得到指数化退休年龄自动调整机制综合替代率如表 4－7 所示，同时得到 2020—2050 年退休金替代率变化趋势如图 4－2 所示。

同时得到 2020—2050 年的财务收支平衡数值如下：

$PV = 5905745.343$ 亿元，$APV = 8344186.806$ 亿元

$\sigma = PV - APV = -2438441.464$ 亿元 <0

表 4－7　　指数化退休年龄自动调整机制综合替代率

年份	基础养老金综合替代率	年份	基础养老金综合替代率
2020	0. 335861417	2036	0. 335861417
2021	0. 335861417	2037	0. 335861417
2022	0. 335861417	2038	0. 335861417
2023	0. 335861417	2039	0. 335861417
2024	0. 335861417	2040	0. 335861417
2025	0. 335861417	2041	0. 335861417
2026	0. 335861417	2042	0. 335861417
2027	0. 335861417	2043	0. 335861417
2028	0. 335861417	2044	0. 335861417
2029	0. 335861417	2045	0. 335861417
2030	0. 335861417	2046	0. 335861417
2031	0. 335861417	2047	0. 335861417
2032	0. 335861417	2048	0. 335861417
2033	0. 335861417	2049	0. 335861417
2034	0. 335861417	2050	0. 335861417
2035	0. 335861417		

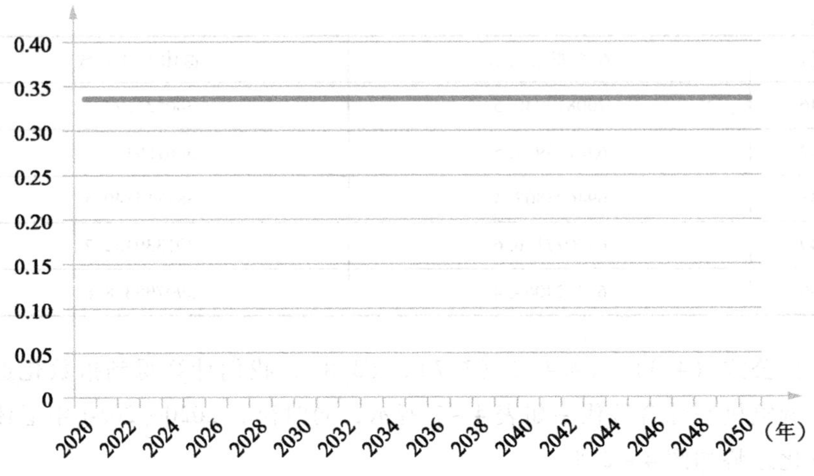

图 4－2　2020—2050 年基础养老金综合替代率变化趋势图

（三）财务平衡对收益率的敏感性分析

在收益率分别为 2%、4%、6% 的情况下对收入现值、支出现值和收支现值差进行测算，得到不同投资收益率下的 2020—2050 年的财务收支现值金额，如表 4－8 所示。我们将收益率为 4% 下的财务收支现值作为参照，得到投资收益率对财务收支的敏感性分析值，如表 4－9 所示。

表 4－8　不同投资收益率下的财务收支金额　（单位：万元）

收益率	0.02	0.04	0.06
收入现值	5905745.343	4065519.288	2895236.946
支出现值	8344186.806	5736370.292	4069966.046
收支差额	－2438441.464	－1670851.004	－1174729.1

表 4－9　投资收益率对财务收支的敏感性分析　（单位:%）

收益率	0.02	0.04	0.06
收入现值	45.26423131	1	－28.78555627
支出现值	45.46109092	1	－29.04980259
收支差额	45.94009028	1	－29.69276749

从表 4－9 的敏感性分析数据可以看出，当收益率下降 2 个百分点，收入现值增加 45.26%，支出现值增加 45.46%，收支差额（缺口）增加 45.94%；而当收益率上升 2 个百分点，收入现值减少 28.79%，支出现值减少 29.05%，

收支差额（缺口）减少 29.69%。

三、对可持续因子自动调整机制（方案三）的实证测算

（一）参数假设

（1）退休年龄假设。本方案假设 2020—2050 年中国在职职工的退休年龄保持不变，即一直实行当前的退休年龄制度：男职工法定退休年龄为 60 岁，女职工法定退休年龄为 55 岁。

（2）本方案其他参数取值与第三章第三节的取值相同。

（二）测算结果

根据公式（4.5）、（4.6），我们首先得到 R 值如表 4－10 所示，S 值如表 4－11 所示。

表 4－10　2020—2050 年 R 值

年份	R 值	年份	R 值
2022	0.960296	2037	0.984903
2023	0.946002	2038	1.020294
2024	0.928788	2039	0.983756
2025	0.945353	2040	1.015661
2026	0.942194	2041	1.021298
2027	0.994491	2042	1.019089
2028	0.954794	2043	0.982381
2029	0.948805	2044	1.020669
2030	0.997654	2045	0.98971
2031	0.951149	2046	1.020979
2032	0.960583	2047	0.982275
2033	0.9663	2048	0.97386
2034	1.004332	2049	0.981128
2035	0.973455	2050	0.977149
2036	1.011374		

表 4－11　　2020—2050 年基础养老保险当期收支比

年份	收支比	年份	收支比
2020	1.03348076	2036	0.600221853
2021	0.99244695	2037	0.612402762
2022	0.93885656	2038	0.602454859
2023	0.87199892	2039	0.611889708
2024	0.82434649	2040	0.624921559
2025	0.7766941	2041	0.636850662
2026	0.77241566	2042	0.625629789
2027	0.73749762	2043	0.638560702
2028	0.69974132	2044	0.631990052
2029	0.69809958	2045	0.645248334
2030	0.66399695	2046	0.633811097
2031	0.63782388	2047	0.617243107
2032	0.61632941	2048	0.60559464
2033	0.61899947	2049	0.591756012
2034	0.60256828	2050	0.578427554
2035	0.60942217		

最后利用 EXCEL 软件计算得到各年替代率测算值如表 4－12 和未来各年替代率变动趋势如图 4－3 所示。

表 4－12　　2020—2050 年基础养老保险综合替代率

年份	综合替代率	年份	综合替代率
2020	0.347106	2029	0.222461
2021	0.333325	2030	0.222488
2022	0.302806	2031	0.203756
2023	0.277056	2032	0.198842
2024	0.25715	2033	0.200892
2025	0.246606	2034	0.203256
2026	0.244428	2035	0.199248
2027	0.246333	2036	0.203884
2028	0.224392	2037	0.202577

续表

年份	综合替代率	年份	综合替代率
2038	0.206448	2045	0.214484
2039	0.202172	2046	0.217338
2040	0.213174	2047	0.203634
2041	0.218449	2048	0.198079
2042	0.214136	2049	0.194997
2043	0.210689	2050	0.189832
2044	0.216648		

同时得到2020—2050年的财务收支平衡数值如下：

$PV = 5679973$ 亿元，$APV = 8892711.762$ 亿元

$\sigma = PV - APV = -3212738.38$ 亿元 < 0

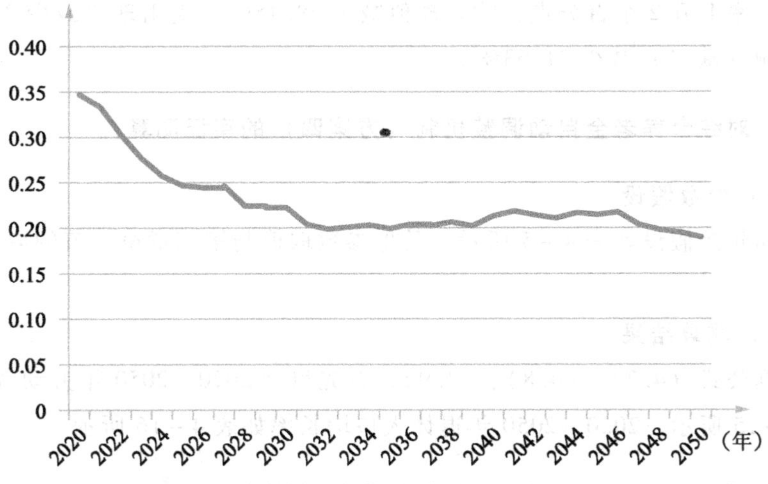

图4-3　2020—2050年综合替代率变化趋势图

（三）财务平衡对收益率的敏感性分析

在收益率分别为2%、4%、6%的情况下对收入现值、支出现值和收支现值差进行测算，得到不同投资收益率下的2020—2050年的财务收支现值金额，如表4-13所示。我们将收益率为4%下的财务收支现值作为参照，得到投资收益率对财务收支的敏感性分析值，如表4-14所示。

表 4－13　　不同投资收益率下的财务收支金额　　（单位：万元）

收益率	0.02	0.04	0.06
收入现值	5679973	3928674.837	2811108
支出现值	8892712	6068841.15	4274361
收支差额	－3212738	－2140166.31	－1463253

表 4－14　　投资收益率对财务收支的敏感性分析　　（单位：%）

收益率	0.02	0.04	0.06
收入现值	44.57734	1	－28.4464
支出现值	46.53064	1	－29.5687
收支差额	50.11629	1	－31.629

从表 4－14 的敏感性分析数据可以看出，当收益率下降 2 个百分点，收入现值增加 44.58%，支出现值增加 46.53%，收支差额（缺口）增加 50.12%；而当收益率上升 2 个百分点，收入现值减少 28.45%，支出现值减少 29.57%，收支差额（缺口）减少 31.63%。

四、对综合养老金自动调整机制（方案四）的实证测算

（一）参数假设

退休年龄假设如表 4－5 所示，其他参数取值与第三章第三节的取值相同。

（二）测算结果

根据公式（4.7）、（4.8）、（4.9），首先得到 2020—2050 年劳动者增长率如表 4－15 所示、2020—2050 年退休人口增长率如表 4－16 所示。

表 4－15　　2020—2050 年劳动者增长率

年份	劳动者增长率	年份	劳动者增长率
2020	—	2026	0.01269763
2021	0.004430214	2027	－0.002239109
2022	－0.000848473	2028	－0.005270561
2023	－0.0087263	2029	0.012531373
2024	－0.003216747	2030	－0.007566122
2025	－0.005574713	2031	－0.003203209

续表

年份	劳动者增长率	年份	劳动者增长率
2032	-0.001555028	2042	0.000740506
2033	0.013318696	2043	0.025157004
2034	0.000475781	2044	0.001060016
2035	0.015286675	2045	0.023256362
2036	0.01919859	2046	-0.002062534
2037	0.016934039	2047	-0.005834717
2038	0.014749935	2048	-0.002913904
2039	0.014770724	2049	-0.003766696
2040	0.015447115	2050	-0.01178054
2041	0.027117935		

表4-16　2020—2050年退休人口增长率

年份	退休者增长率	年份	退休者增长率
2020	—	2036	-0.000485442
2021	0.04595948	2037	0.000886273
2022	0.056183586	2038	-0.001363256
2023	0.067276341	2039	-0.003988346
2024	0.054403611	2040	-0.004065414
2025	0.055436105	2041	-0.025690116
2026	0.018307005	2042	0.014953722
2027	0.04500152	2043	-0.028945076
2028	0.048402569	2044	0.009293168
2029	0.014912569	2045	-0.032640329
2030	0.043404901	2046	0.010141693
2031	0.037700294	2047	0.014862274
2032	0.033265714	2048	0.00680152
2033	0.008947729	2049	0.006489735
2034	0.027757361	2050	-0.001382008
2035	0.003868215		

然后得到退休金综合替代率如表4-17所示，同时得到2020—2050年综合替代率变化趋势如图4-4所示。

表 4－17　　2020—2050 年退休金综合替代率

年份	综合替代率	年份	综合替代率
2020	0. 335861417	2036	0. 25624883
2021	0. 335861417	2037	0. 260056442
2022	0. 335861417	2038	0. 263936386
2023	0. 312225904	2039	0. 268520832
2024	0. 303552962	2040	0. 273372239
2025	0. 295120935	2041	0. 286739142
2026	0. 293588116	2042	0. 282965545
2027	0. 285432891	2043	0. 297140568
2028	0. 2775042	2044	0. 294875379
2029	0. 276892355	2045	0. 310137007
2030	0. 269200901	2046	0. 306632393
2031	0. 261723098	2047	0. 300756127
2032	0. 254453012	2048	0. 298050596
2033	0. 255482832	2049	0. 2952201
2034	0. 249029151	2050	0. 292377641
2035	0. 251662049		

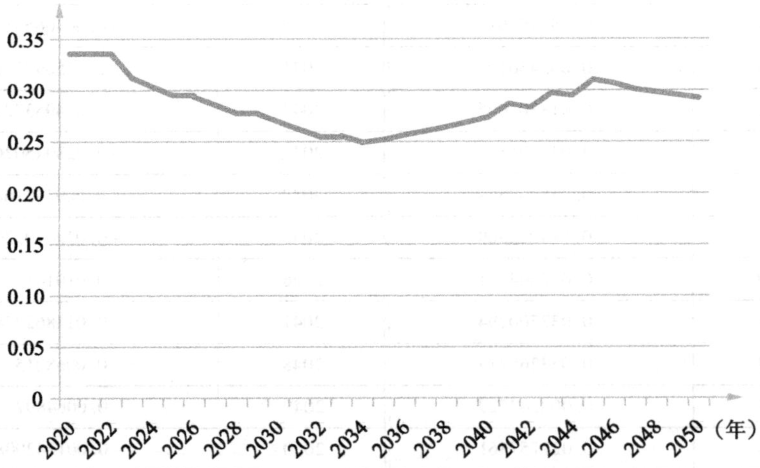

图 4－4　2020—2050 年综合替代率变化趋势图

最后得到 2020—2050 年的财务收支平衡数值如下：

$PV=5905745.343$ 亿元，$APV=7081097.76$ 亿元

$\sigma = PV - APV = -1175352.417$ 亿元 <0

（三）财务平衡对收益率的敏感性分析

在收益率分别为2%、4%、6%的情况下对收入现值、支出现值和收支现值差进行测算，得到不同投资收益率下的2020—2050年的财务收支现值金额，如表4－18所示。我们将收益率为4%下的财务收支现值作为参照，得到投资收益率对财务收支的敏感性分析值，如表4－19所示。

表4－18　不同投资收益率下的财务收支金额　（单位：万元）

收益率	0.02	0.04	0.06
收入现值	5905745.343	4065519	2895237
支出现值	7081097.76	4854914	3439684
收支差额	－1175352.417	－789395	－544447

表4－19　投资收益率对财务收支的敏感性分析　（单位:%）

收益率	0.02	0.04	0.06
收入现值	45.26423131	1	－28.7856
支出现值	45.85424295	1	－29.1505
收支差额	48.89290572	1	－31.0298

从表4－19的敏感性分析数据可以看出，当收益率下降2个百分点，收入现值增加45.26%，支出现值增加45.85%，收支差额（缺口）增加48.89%；而当收益率上升2个百分点，收入现值减少28.79%，支出现值减少29.15%，收支差额（缺口）减少31.03%。

五、对年金系数自动调整机制（方案五）的实证测算

（一）参数假设

所有参数假设如方案一。

（二）年金系数的测算

为了简便测算，我们对年金系数的计算采用确定年金现值精算法，即假定第 t 年退休者的余命是已知的。已知2020年中国平均寿命为77岁，根据2021

年我国政府工作报告在“十四五”规划中提出的目标，人均预期寿命再提高1岁，可以确定我国未来每年人均寿命提高0.2岁，这样到2050年，我国人均寿命达到83岁。中国现行退休年龄制度为男性60岁退休、女性55岁退休。为了计算方便，由于男女职工比例接近1:1，我们得到平均退休年龄为57.5岁，我们先求出A_t：

$$A_{2021} = \frac{\ddot{a}^{r}_{2020}}{\ddot{a}^{r}_{2021}} = \frac{\sum_{k=0}^{19.5} v^k}{\sum_{k=0}^{19.7} v^k};$$

$$A_{2022} = \frac{\ddot{a}^{r}_{2021}}{\ddot{a}^{r}_{2022}} = \frac{\sum_{k=0}^{19.7.1} v^k}{\sum_{k=0}^{19.9} v^k};$$

……

$$A_{2050} = \frac{\ddot{a}^{r}_{2049}}{\ddot{a}^{r}_{2050}} = \frac{\sum_{k=0}^{25.3} v^k}{\sum_{k=0}^{25.5} v^k}。 \tag{4.12}$$

根据公式（4.12），我们得到表4－20。

表4－20　A_t值

t	A_t	t	A_t
2020	1	2032	1
2021	1	2033	0.972691
2022	1	2034	1
2023	0.96872	2035	1
2024	1	2036	1
2025	1	2037	1
2026	1	2038	0.974413
2027	1	2039	1
2028	0.970801	2040	1
2029	1	2041	1
2030	1	2042	1
2031	1	2043	0.975988

续表

t	A_t	t	A_t
2044	1	2048	0.977433
2045	1	2049	1
2046	1	2050	1
2047	1		

（三）测算结果

根据公式（4.10）、（4.11），我们计算得到年金系数自动调整机制综合替代率如表4-21所示，进而得到未来年份综合替代率变化趋势如图4-5所示。

同时得到2020—2050年的财务收支平衡数值如下：

$PV=3928674.837$ 亿元，$APV=6038323.85$ 亿元

$\sigma=PV-APV=-2109649.013$ 亿元 <0

表4-21　　　　年金系数自动调整机制综合替代率

年份	基础养老金综合替代率	年份	基础养老金综合替代率
2020	0.335861417	2036	0.335861417
2021	0.335861417	2037	0.335861417
2022	0.335861417	2038	0.327267788
2023	0.325355637	2039	0.335861417
2024	0.335861417	2040	0.335861417
2025	0.335861417	2041	0.335861417
2026	0.335861417	2042	0.335861417
2027	0.335861417	2043	0.327796725
2028	0.326054663	2044	0.335861417
2029	0.335861417	2045	0.335861417
2030	0.335861417	2046	0.335861417
2031	0.335861417	2047	0.335861417
2032	0.335861417	2048	0.328281905
2033	0.326689359	2049	0.335861417
2034	0.335861417	2050	0.335861417
2035	0.335861417		

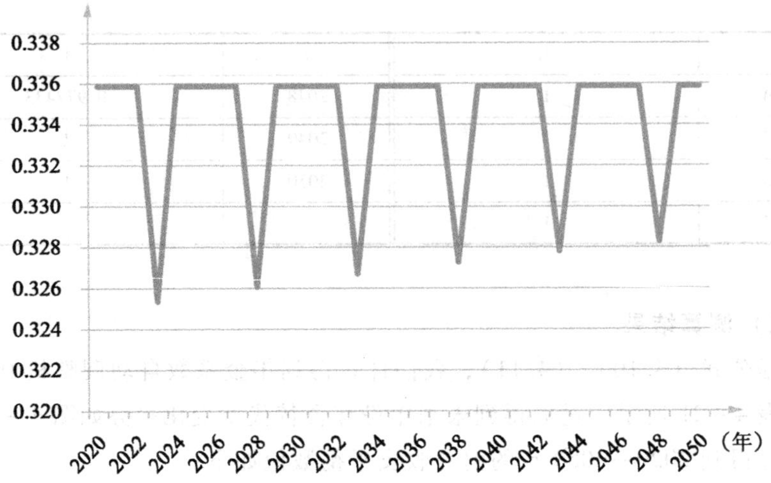

图 4-5 基础养老金综合替代率变化趋势图

(四) 财务平衡对收益率的敏感性分析

在收益率分别为 2%、4%、6% 的情况下对收入现值、支出现值和收支现值差进行测算，得到不同投资收益率下的 2020—2050 年的财务收支现值金额，如表 4-22 所示。我们将收益率为 4% 下的财务收支现值作为参照，得到投资收益率对财务收支的敏感性分析值，如表 4-23 所示。

表 4-22 不同投资收益率下的财务收支金额 （单位：万元）

收益率	0.02	0.04	0.06
收入现值	5679973.385	3928674.837	2811108.216
支出现值	8848635.415	6038323.85	4252574.269
收支差额	-3168662.03	-2109649.013	-1441466.053

表 4-23 投资收益率对财务收支的敏感性分析 （单位：%）

收益率	0.02	0.04	0.06
收入现值	44.57733513	1	-28.44640157
支出现值	46.54125276	1	-29.57359733
收支差额	50.19854064	1	-31.67270747

从表 4-23 的敏感性分析数据可以看出，当收益率下降 2 个百分点，收入现值增加 44.58%，支出现值增加 46.54%，收支差额（缺口）增加 50.20%；

而当收益率上升 2 个百分点，收入现值减少 28.45%，支出现值减少 29.57%，收支差额（缺口）减少 31.67%。

第五节　新设计方案实施效果分析

多年来，我国政府一直呼吁各地尽快建立社会养老保险正常待遇调整机制，并提出要求："根据职工工资和物价变动等情况，国务院适时调整企业退休人员基本养老金水平，调整幅度为省、自治区、直辖市当地企业在岗职工平均工资年增长率的一定比例。各地根据本地实际情况提出具体调整方案，报劳动保障部、财政部审批后实施。"据此，各地社会养老金调整只考虑通货膨胀率与在职职工工资增长率两个因素，而长期忽视了人口抚养比、预期寿命延长和社会养老保险财务平衡等主要参数，使当前社会养老保险制度难以抵御日益严重的老龄化风险，出现社会养老保险收支缺口迅速扩大、财务平衡风险升级等问题，为此本章设计了 5 个社会养老保险财务平衡自动调整方案，并逐一对其实施效果进行测算与分析。

一、对指数化养老金自动调整机制（方案一）的分析

与现阶段养老金待遇调整机制相比，其优点在于：一是将预期寿命的变化与初始养老金待遇挂钩，让退休者合理地承担部分人均预期寿命延长的风险；二是在非初始养老金调整率中，将其调整率与上年在职职工工资调整率同向同步调整；三是设立触发机制，当在职职工工资增长率大于零，则开始年度养老金调整，如果在职职工工资不调整，则年度养老金不作调整，即养老金调整率为零。

在无风险利率为 2% 的假设下，2020—2050 年的财务收支平衡数值如下：收入现值为 5679973 亿元，支出现值为 8817503 亿元，基金缺口现值为 3137530 亿元。基础养老金综合替代率基本稳定在 0.33 左右。方案一的财务平衡指标对收益率的敏感度很大。

二、对指数化退休年龄自动调整机制（方案二）的分析

本方案假设退休年龄余寿保持不变，而在测算期内的退休年龄按照中国政

府推出的退休年龄延迟计划确定。初始养老金的确定与上年度在职职工平均工资水平、本人平均工资指数和缴费年限挂钩，非初始养老金调整率与上年在职职工工资调整率同向同步调整。

在无风险利率为2%的假设下，2020—2050年的财务收支平衡数值如下：收入现值为5905745亿元，支出现值为8344187亿元，基金缺口现值为2438441亿元。基础养老金综合替代率稳定在0.36，待遇水平稳定性最好。方案二的财务平衡指标对收益率的敏感度很大。

三、对可持续因子自动调整机制（方案三）的分析

与现阶段养老金待遇调整机制相比，其优点在于：一是将初始养老金待遇确定与抚养比增长指数挂钩，反映了社会老龄化进程对养老金水平的影响；二是在非初始养老金调整率中，将其调整率与当年收支比挂钩，反映了当期收支现状对养老金水平的影响。

在无风险利率为2%的假设下，2020—2050年的财务收支平衡数值如下：收入现值为5679973亿元，支出现值为8892712亿元，基金缺口现值为3212738亿元。基础养老金综合替代率将从0.35逐步下降至0.19，替代率波动大，导致退休者养老生活水平急剧下降。方案三的财务平衡指标对收益率的敏感度很大。

四、对综合养老金自动调整机制（方案四）的分析

在五个调整方案中，第四个方案是考虑因素最全面的，即在对我国基本养老保险养老金进行调整，充分考虑工资增长率、支付能力、预期寿命等因素对养老金调整的影响。一是ABM的触发由财务支付能力的评估来确定；二是在非初始养老金调整率中，将其调整率与劳动力人口下降指数和退休人口增长指数相挂钩；三是在测算期内的退休年龄按照中国政府推出的退休年龄延迟计划确定反映退休年龄推迟对养老金支出的影响。

在无风险利率为2%的假设下，2020—2050年的财务收支平衡数值如下：收入现值为5905745亿元，支出现值为7081097亿元，基金缺口现值为1175352亿元。期间基础养老金综合替代率在0.25—0.35波动，替代率波动较平稳，能将退休者养老生活水平保障在合理水平。方案四的财务平衡指标对收益率的敏感度很大。

五、对年金系数养老金自动调整机制（方案五）的分析

方案五与方案一其实都是通过调节长寿系数来调节养老金水平的。方案五是根据未来领取养老金现值的变化率来调整养老金的，其基本原则是：保持未来领取养老金的现值不变。因该方法需要对未来领取的养老金折现，故初始养老金下调的幅度要低于第方案一。

由于本文假设养老金在每年年初领取，且必须活过整数年龄才可以领取，故图 4－5 显示其各年的综合替代率发生频繁波动，这是参数假设不当导致的，但随着时间的延长，这种波动的幅度逐渐变小。总体来看波动的幅度不大。方案五的财务平衡指标对收益率的敏感度与方案一相当。

第五章 研究结论与政策建议

第一节 研究结论

一、关于国外社会养老保险财务平衡自动调整机制研究的结论

国外社会养老保险财务平衡自动调整机制是通过法律预先设定的一系列对社会养老保险偿债能力或可持续指标及时作出反应的措施和办法。其目的就是通过连续的运用，以重建现收现付制养老保险的财务平衡，最终在不频繁修改法律制度的情况下，实现系统的正常运作。自动调整机制的触发条件、实施过程与成本分担是透明的，具有调整幅度小、频率高、可预见、能规避政治风险等优点。

社会养老保险自动调整机制根据触发因素分类，可以分为：与预期寿命挂钩的自动调整机制、与偿付能力挂钩的自动调整机制以及同时与预期寿命和偿付能力挂钩的自动调整机制三种类型；根据调整参数分类，可以分为：指数化养老金调整机制、指数化退休年龄调整机制、指数化调整缴费率机制及调整领取标准机制四种类型。

发达国家养老金财务平衡自动调整机制的多年实践，为我们的研究提供了极具参考价值的经验，具体如下：一是坚持保障养老金水平和维持财务长期平衡相统一原则；二是需要合理确立调整机制的适用范围；三是平滑调整幅度；四是待遇调整机制的设计依国情而定。

二、关于我国社会养老保险待遇调整机制的结论

（一）面临的问题

当前我国社会养老保险制度主要面临老龄化、预期寿命延长、养老金财务收支平衡、转制成本缺乏有效补偿渠道、降低养老保险费率与基金的收支平衡存在矛盾、通货膨胀等风险或问题。建立社会养老保险待遇调整机制要充分考虑以上因素，保障社会养老保险制度的可持续发展。

（二）我国社会养老保险待遇调整模型

当前我国社会养老保险待遇调整政策主要是指基础养老金待遇调整。按照我国社会养老保险制度的规定，基础养老金调整分为两个部分：一是退休初年退休金确定，即初始养老金调整；二是退休后各年的养老金调整，称为非初始养老金年度调整或退休后各年养老金调整。

假定 t 为测算年份，L_t为 t 年参保职工人数，W_t为 t 年社会平均月工资，N 为缴费年限，f_t为基础养老金调整率，g_t为社会平均工资增长率，π_t为通货膨胀率，i_t为当年统筹基金收益率，Q 为本人指数化月平均缴费工资。

1. 退休初年的基础养老金 P_t^b

$$P_t^b = \frac{W_{t-1} + W_{t-1} \times Q}{2} \times N\% \times 12$$

其中：$Q = \frac{1}{N}\sum_{t=1}^{N}\frac{W_{at}}{W_t}$，$W_{at}$为退休者在退休前 t 年的月工资。

2. 退休后各年退休金调整率

通过前面分析，目前我国各省市基本上实行每年一次的指数化调整，调整比例分为三类：①根据 CPI 等物价指数进行调整，以抵御通货膨胀对养老金的侵蚀；②根据工资增长率的一定比例进行调整，以保障老年人口分享经济增长成果；③根据物价指数和工资增长率的某种权重组合变化进行调整。

$$f_t = \begin{cases} \pi_{t-1} \\ g_{t-1} \\ \pi_{t-1} + \alpha\ (g_{t-1} - \pi_{t-1}) \quad 0.4 \leqslant \alpha \leqslant 0.8 \end{cases}$$

（三）我国养老金待遇调整政策的评估模型

1. 财务平衡评估模型

假设：t 为年份，L_t^m 为 t 年男性在职职工总人数，L_t^f 为 t 年女性在职职工总人数，$L_t^{r,m}$ 为 t 年男性退休者总人数，$L_t^{r,f}$ 为 t 年女性退休者总人数，i 为年利率，W_t^m 为男性职工平均缴费工资基数，W_t^f 为女性职工平均缴费工资基数，$W_t^{r,m}$ 为 t 年男性人均月退休金，$W_t^{r,f}$ 为 t 年女性人均退休金，C_t 为缴费率，TP_{t-1} 为 $t-1$ 年基金结余，g 为在岗职工年平均工资增长率，f 为养老金年均调整率，$Fund_{2020}$ 是2020年的统筹账户养老金结余。

PV_t 为未来统筹账户基金在 t 年的现值，APV_t 为未来统筹账户基金在 t 年的现值，则

$$
\begin{aligned}
PV_{2020} &= \sum_{t=2020}^{2050} c_t W_t^m L_t^m v^{t-2020} + \sum_{t=2020}^{2050} c_t W_t^f L_t^f v^{t-2020} + TP_{2019}(1+i) \\
&= \sum_{t=2020}^{2050} c_t W_{2020}^m (1+g_{2020})^{t-2020} L_t^m v^{t-2020} + \sum_{t=2020}^{2050} c_t W_{2020}^f (1+g_{2020})^{t-2020} \\
&\quad L_t^f v^{t-2020} + TP_{2019}(1+i)
\end{aligned}
$$

$$
\begin{aligned}
APV_{2020} &= \sum_{t=2020}^{2050} W_t^{r,m} L_t^{r,m} v^{t-2020} + \sum_{t=2020}^{2050} W_t^{r,f} L_t^{r,f} v^{t-2020} \\
&= \sum_{t=2020}^{2050} W_{2020}^{r,m} (1+f)^{t-2020} L_t^{r,m} v^{t-2020} + \sum_{t=2020}^{2050} W_{2020}^{r,f} (1+f)^{t-2020} L_t^{r,f} v^{t-2020}
\end{aligned}
$$

$$\sigma = PV_{2020} - APV_{2020} + Fund_{2020}$$

当 $\sigma \geqslant 0$，基金可持续发展；当 $\sigma < 0$，基金收不抵支。

2. 退休金综合替代率水平

替代率可以分不同层次计算，它包括：个人退休时的养老金与其在职时工资收入之比；企业退休人员平均养老金与其企业在职职工平均工资收入之比；行业退休人员平均养老金与其行业在职职工平均工资收入之比；地区退休人员平均养老金与其地区在职职工平均工资收入之比；全国退休人员平均退休金与全国在职职工平均工资收入之比等。根据研究需要，可采用不同的比值来说明个人、企业、行业、地区、全国养老金替代率状况、平均值、纵横向水平比较和变动趋势。多年来，学术界一直以一般替代率来评估社会养老保险的退休者退休生活的保障水平，这是不科学的。从整个社会角度去评估退休者的退休生活水平，必须采用综合替代率这一指标。

（四）我国现阶段养老金待遇调整政策实施效果的评估结果

对自动调整机制的实施评估包括两个方面的内容：一是在测算期内财务是否平衡，即养老金收入现值和支出现值的差额；二是待遇水平，主要比较各年

的养老金综合替代率是否平稳延续，是否能将养老金保障水平保持在合理范围内。本书的测算期为2020—2050年。

当前中国养老待遇调整正常分为三种情况：第一种调整方法，即基础养老金调整率与通货膨胀率同向同步调整；第二种调整方法，即基础养老金调整率与工资增长率同步同向调整；第三种调整方法，即同时考虑物价上涨和工资增长来调整基本养老金。

经过实证分析，我们可以确定目前的三种调整方法都存在不足，第一、第三种调整方法会导致以后综合替代率迅速下降，总体离目标替代率35%的保障水平相距较大。第二种调整方法可以确保退休者未来生活水平保持在一定合理水平上，即保持基础养老金综合替代率接近35%，但会出现较大的基金缺口，这种缺口较大，可能会影响社会养老保险制度的可持续性。之所以如此，在于当前的调整政策没有考虑老年抚养比、预期寿命延长以及退休年龄延迟等因素对养老金财务长期平衡的影响。

三、我国基本养老保险自动调整机制的设计与实施效果测算分析

（一）我国社会养老保险财务平衡自动调整机制的方案设计

自动调整机制一般从两个方面来对养老金待遇进行调整：一是初始养老金调整，即对新退休人员在退休年的退休金进行调整；二是调整每年退休金的增长率。养老金调整指数设计的基本原则包括公平与效率的统一原则、保障基本生活需要的原则、财务可持续性原则以及再分配和激励性原则。考虑到我国社会养老保险面临人口快速老龄化以及退休预期寿命延长的风险，进一步将养老金调整机制与人口结构、经济增长、代际公平相协调，本文设计了五种调整方案。

1. 方案一：指数化养老金自动调整机制

其特点有：一是将退休者在退休第一年的退休待遇与预期寿命的变化挂钩；二是历年养老金增长率与各年的工资增长率同步调整。当工资增长率等于或小于0时，养老金增长率停止调整，详见公式（4.1）、公式（4.2）。

2. 方案二：指数化退休年龄自动调整机制

其特点有：一是测算期内各年的退休年龄根据中国政府推出的延迟退休年龄计划来确定；二是将退休者在退休第一年的退休待遇与退休时上年度本地区在职职工平均工资、该职工退休前一年度的工资、该退休人员个人平均工资指数挂钩；三是各年养老金增长率与各年的工资增长率同步调整。当工资增长率

等于或小于0时，养老金增长率停止调整，详见公式（4.3）、公式（4.4）。

3. 方案三：可持续因子自动调整机制

其特点有：一是在对初始养老金调整公式中引入可持续因子，即在养老金按照工资增长率一定比例进行调整的基础上，根据制度赡养率进行一定幅度的调整，以体现缴费人数和养老金领取人数的变动，反映基金财务平衡状况；二是在非初始养老金调整公式中纳入年度养老金总收入与总支出的比值，反映当期收支的状况，详见公式（4.5）、公式（4.6）。

4. 方案四：综合养老金自动调整机制

鉴于中国社会养老保险面临老龄化、财务不平衡、通货膨胀以及替代率下降等诸多风险，此方案将养老金待遇的调整与工资增长率、支付能力、预期寿命等同时挂钩。其特点有：一是触发机制由财务支付能力 BR 的评估来确定，当平衡比率 $BR \geqslant 1$ 时，养老保险制度处于财务平衡状态，当年养老金调整率等于名义工资增长率。当平衡比率 $BR < 1$ 时，自动平衡机制启动，养老金调整率将被缩减。二是将初始退休金与退休时上年度本地区在职职工平均工资、该职工退休前一年度的工资、该退休人员个人平均工资指数挂钩。三是当平衡比率 $BR \geqslant 1$ 时，非初始养老金调整率与各年的工资增长率同步调整。当平衡比率 $BR < 1$ 时，非初始养老金调整率等于各年的工资增长率减去 $\max[(d_1 + d_2), 0.3]$，详见公式（4.7）、公式（4.8）、公式（4.9）。四是假设测算期内各年的退休年龄按照延迟退休年龄计划来确定。

5. 方案五：年金系数自动调整机制

其特点有：一是将退休者初始退休金在与退休时上年度本地区在职职工平均工资、该职工退休前一年度的工资、该退休人员个人平均工资指数挂钩的基础上，再纳入一个长寿系数，该系数将预期寿命对待遇的影响内置在年金系数；二是各年非初始养老金调整率与各年的工资增长率同步调整。当工资增长率等于或小于0时，养老金增长率停止调整，详见公式（4.10）、公式（4.11）。

（二）对设计方案实施效果的测算结果

社会养老保险财务平衡自动调整机制的实施效果主要看两个方面：一方面是看该方案的保障退休者生活水平的效果，即是否能将养老金替代率保持在合理的较高的区间；另一方面是看在预测的时间阶段，其财务是否能够平衡或将财务缺口控制在较小的范围。本书对设计的五个自动调整方案的实施效果进行逐一测算与分析，得出以下结论：

（1）对于指数化养老金自动调整机制（方案一），在无风险利率为2%的假设下，2020—2050年的养老基金财务收支缺口现值为3137530亿元；基础养老金综合替代率基本稳定在0.33左右；方案一的财务平衡指标对收益率的敏感度很大。

（2）对于指数化退休年龄自动调整机制（方案二），在无风险利率为2%的假设下，2020—2050年的养老基金财务收支缺口现值为2438441亿元；基础养老金综合替代率稳定在0.36，待遇水平稳定性最好；方案二的财务平衡指标对收益率的敏感度很大。

（3）对于可持续因子自动调整机制（方案三），在无风险利率为2%的假设下，2020—2050年的养老基金财务收支缺口现值为3212738亿元；基础养老金综合替代率将从0.35逐步下降至0.19，替代率波动大，导致退休者养老生活水平急剧下降；方案三的财务平衡指标对收益率的敏感度很大。

（4）对于综合养老金自动调整机制（方案四），在无风险利率为2%的假设下，2020—2050年的养老基金财务收支缺口现值为1175352亿元；期间基础养老金综合替代率在0.25—0.35波动，替代率波动较平稳，能将退休者养老生活水平保障在合理水平；方案四的财务平衡指标对收益率的敏感度很大。

（5）对于年金系数养老金自动调整机制（方案五），在无风险利率为2%的假设下，2020—2050年的养老基金财务收支缺口现值为2109649.013亿元。方案五的综合替代率发生频繁波动，这是参数假设不当导致的，但随着时间的延长，这种波动的幅度逐渐变小。总体来看综合替代率在33%上下变动，比较稳定。方案五的财务平衡指标对收益率的敏感度与方案一相当。

第二节　政策建议

一、对现阶段社会养老保险待遇调整政策的建议

我国必须尽快确定社会养老保险待遇调整政策模式。尽管1995年国务院发布的《关于深化企业职工养老保险制度改革的通知》规定：“为了保证企业离退休人员的基本生活，各地区应当建立养老金正常调整机制，基本养老金可

按当地职工上一年度平均工资增长率的一定比例进行调整。”但就具体多少比例并未作出规定。基于当前实践中存在的三种调整方法，本书以城镇职工养老保险为例分别对其时间效果进行了测算与分析。第一种调整方法，即基础养老金调整率与通货膨胀率同向同步调整，会导致未来基础养老金替代率迅速下降，最终严重影响退休者的退休生活。当前大多数省市采用第二种方法，即基础养老金调整率与工资增长率同步同向调整。经过评估得知，虽然确保基础养老金综合替代率保持在0.36的较高水平，但会产生321万亿元的巨大财务缺口，最终影响社会养老保险制度的可持续性。第三种调整方法，就是调整率介于通货膨胀率和工资名义调整率之间。当调整系数取值在0.6—0.8，最低综合替代率保持在20%—25.4%，最高替代率达33%，保障能力较充足，存在财务缺口在47万亿—170万亿元。本书认为，相对来说第三种调整模式无论从财务平衡角度还是从保障水平角度看，都比较可行和稳妥。

二、对建立社会养老保险财务平衡自动调整机制的建议

在借鉴国外经验并结合我国实际的基础上，笔者就建立和优化中国社会养老保险财务平衡自动调整机制提出如下政策思路：

（一）确立养老金待遇合理调整范围，保障基本生活水平

一方面，要建立最低待遇调整机制。我国建立社会养老保险制度最基本的目的就是保障老年人基本的生活需要，在我国人口老龄化不断加剧、预期寿命逐步延长的情况下，引入预期寿命、制度抚养比等调整参数的财务平衡自动调整机制可能会导致养老金待遇的下降。如果下降幅度过大，不仅难以保障老年人的基本生活需要，还有损民众对养老保险制度的信任。因此，需设置最低待遇标准机制，确定最低养老金替代率，当在自动调整机制运行下的养老金待遇低于最低待遇标准时，采用最低待遇标准。另外，需要建立最高待遇调整机制。由于老龄化原因，我国未来当期养老金收支不平衡趋势越来越严重。如果调整待遇过高，会造成养老基金收不抵支，损害制度的可持续性。我国设置养老金待遇调整的方式可以有两种：一种是规定养老金的年度最高增长率，即以年度名义工资增长率为最大值；另一种是规定养老金替代率的上限。

（二）引入财务可持续性指标

受老龄化程度不断加深和人均寿命延长的影响，我国社会养老保险制度抚

养比持续攀升，使基本养老保险基金支出不断攀升，财务平衡压力巨大，制度运行面临可持续发展风险。我国养老金待遇调整机制需要将“立足激励性为导向”与“兼顾长远发展”相结合，纳入有助于基金平衡的可持续性因子或相关调整参数，以强化社会养老保险制度的财务可持续性。具体而言，需要在挂钩调整中引入预期寿命、长寿风险、制度抚养比、退休年龄、基金偿付能力等调整参数，其目的就是通过让退休者适当承担未来的老龄化风险和长寿风险的成本，极大提高养老保险基金抵御老龄化风险和长寿风险的能力。引入财务可持续指标，可能会导致养老金待遇的适当降低，这样做的合理性在于：一是通过适度降低退休生活水平，让退休者分担一定的风险成本，符合风险分担原则；二是有利于养老金财务的长期平衡；三是有利于代际公平，提高年轻一代参加社会养老保险的积极性和对制度的自信心。

（三）坚持循序渐进、小步微调的原则

由于调整参数本身可能在某一时期会处于不合理水平，加上自动调整机制的调整频率通常较高而会导致参数取值未能反映其长期变化趋势，这意味着待遇自动调整具有“短视治理”的缺陷。调整参数短期内的大起大落会导致待遇的大幅升降，从而影响社会养老保险制度的长期稳定性。自动调整机制在防止养老金待遇大幅度波动上有两条途径：一是在调整技术上可以采用平滑处理的方式进行有效应对，即依据较长时间内调整参数的平均值，降低自动调整机制下养老金待遇的大幅波动风险；二是明确养老金待遇自动调整机制的适用范围。当超出这一范围时，调整机制停止运行，再进行审慎决策。在确定适用范围时，应根据待遇调整机制所纳入调整参数的合理变动范围、制度稳定性和可持续性的要求以及基本养老保险适宜的替代率水平来综合考量。

（四）确保社会养老保险财务平衡自动调整机制的科学完整性

养老金待遇自动调整机制应包含触发条件、调整基数、调整幅度、调整日期、实施过程、成本与风险分担以及对弱势群体的保护等问题。虽然我国城镇职工社会养老保险已连续18年进行了调整，但过去和当前的研究主要聚焦于养老金调整基数和幅度的确定，对触发条件和调整过程、成本与风险的分担、对财务平衡的影响等重大问题探索不足，导致我国养老金调整具有很大的随意性，使制度化的养老金待遇调整将难以规避政治风险。同时，学术界对这些调整所带来的代际代内收入再分配效应和养老基金财务可持续性的影响研究不多。当前各省市对社会养老保险养老金待遇进行调整过程中存在缺乏科学依据、决策随意、考虑因素不够全面以及对调整后产生的后果不甚明了等问题，归根结底是没有建立科学完整的自动调整机制。我们急需对社会养老保险养老金调整的历史经验和政策效应进行反思，从而为未来制度的设计和完善提供有益参考。

（五）建立社会养老保险财务平衡自动调整政策评估机制

一方面，由于我国社会养老保险存在三种制度：城镇职工基本养老保险制度、城乡居民基本养老保险制度和机关事业单位养老保险制度，待遇自动调整机制的设计需要考虑到这种制度差异；另一方面，由于我国社会养老保险还未实现全国统筹，待遇自动调整机制可能因各地经济发展水平、人口结构以及社会保障发展水平等因素不同而在设计上不同。鉴于此，多年来，我国社会养老保险的待遇调节都是由中央政府依据调整原则确定大体调整水平，各地各部门依据自身经济发展和养老保险制度运行实际状况出台具体调整办法，确定具体调整幅度。不同制度、不同地区的调整幅度因受到多种因素制约而出现高低差别是正常的，但必须满足以下条件：一是无论确定什么样的调整比例，都需要强调调整的科学依据，强调优化机制对提升养老金调节政策有效性的重要作用；二是正确处理价格、工资、抚养比、寿命延长、财务支付能力与养老金之间的联动关系，尽最大可能维持养老金实际购买力，以保障老年人的基本经济生活；三是科学设置养老金待遇精算公式，增加透明度，使人们有清晰、稳定的安全预期，化解社会公众对养老保险制度的不信任。建立养老金调整政策评估机制，定期对各省执行的养老金调整政策进行科学评估，目的就是在实践中不断探索和进一步优化养老保险自动调整机制。一旦发现有不规范的行为便予以及时纠正。同时，如果遇到政策背景的重大变化或新形势的重大冲击，经过对现行政策的充分评估，也可以在此基础上对养老金调整政策进行统一调整。

三、对建立社会养老保险财务平衡自动调整机制的配套政策建议

从对本文设计的五个自我调整机制的实践效果测算和分析中，可以看出，2020—2050 年，要保持基础养老保险的保障充足性，基础养老金综合替代率必须保持在 0.25—0.35，如此则城镇职工基础养老基金缺口现值为 1175352 亿元。这是由我国老龄化趋势不断严峻以及退休职工预期寿命延长导致养老保险支出增长速度快速超过养老保险收入增长速度造成的。为了确保社会养老保险

制度的保障充足性和可持续性，在引进自动调整机制的同时，应建立相关配套措施，其中较为关键的几项有：

（一）逐步延迟退休年龄，到2050年实现男女职工同龄65岁退休

延迟退休年龄的好处在于：一是可以延长在职职工的缴费年限，增加年度养老金收入；二是可以降低老年抚养比，减轻在职职工的负担；三是可以推迟领取退休金的年龄，减少年度养老金支出；四是有效抵御寿命延长风险。本书新设计的最佳自动调整机制（方案四），即综合养老金自动调整机制就是在假设2020—2050年将男女退休年龄均推迟到65岁，才达到合理的养老金替代水平，但依然存在较大的资金缺口。从国际案例情况看，在养老金待遇领取阶段引入长寿指数、年金自动调节因子，或者将退休年龄与制度财务收支状况挂钩等改革措施已成为常态，这些都可为我国的改革带来相应的借鉴。我国已在2017年确定了延迟退休的具体方案，预计到2022年正式实施。延迟退休政策既顺应了人口预期寿命不断延长的发展趋势，又能够在一定程度上缓解中国统筹养老金基于指数化调整所带来的统筹基金缺口压力。

（二）建立政府财政投入的长效机制

通过预测得知，建立社会养老保险财务平衡自动调整机制在保障退休金基本水平、防止养老金待遇调整波动过大、促进收支财务平衡以及减少制度改革成本方面具有很大优势和重要作用，但由于我国老龄化加速，2020—2050年社会养老保险财务上依然存在较大缺口。为此，我国政府需要建立财政投入机制，对养老金统筹账户提供专项财政补贴。事实上，我国社会养老保险制度自改革以来，政府一直在对统筹账户养老金进行暗补。主要原因包括：第一，改革初期的制度不完善，存在大量养老金拖欠、拒交以及提前退休等现象；第二，中国社会养老保险形成了巨大的转制成本；第三，双轨制带来的转轨成本扩大了养老金支付缺口。未来由于人口老龄化，随着退休职工人数的增多，养老保险基金的负担会逐渐加重，此时需要政府承担主要责任。政府可以通过发行债券、提高对高收入人群的征税等方式增加财政收入，在充实财政实力的同时加大对社会养老保险统筹账户的投入。

（三）健全社会养老保险基金投资体制，提高基金投资收益率

根据前面的测算分析，对于现有社会养老保险待遇调整机制的三种调整方

法，我们将收益率为4%的财务收支差额作为参照，当收益率下降2个百分点，收入差额增加27%—59.53%，而当收益率上升2个百分点，收入差额减少20.6%—36.14%。对于新设计的五种的社会养老保险财务平衡自动调整机制，当收益率下降2个百分点，收入差额增加45%左右，而当收益率上升2个百分点，收入差额减少30%。可见，它们的财务平衡对基金投资收益率的敏感性很强。我国社会养老保险基金相比于国外养老基金，其资产配置非常保守。当前绝大部分基本养老保险基金的资产配置为银行存款和国债，保守投资策略使社会养老基金的年均收益率不到2%，根本达不到资本市场的均衡收益率。在满足安全性、流动性最低要求的先决条件下，可以通过以下两个渠道提高收益率：一是建立多元化、市场化、现代化的科学投资渠道和管理模式；二是购买特种债券。

（四）大力发展补充养老金、个人储蓄型养老金，完善我国养老保障体系

从上文分析中我们得知，无论是新老养老金待遇调整机制中的任何一种调整机制，基础养老金的替代率仍然会呈现逐年下降趋势，要确保2020—2050年综合替代率在25%—35%的合理区间内，其收支缺口现值在百万亿元。可见，作为第一支柱的主要组成部分，基础养老金未来的保障水平不容乐观。按照笔者估计，我国社会城镇职工基本养老保险统筹账户承担替代率25%，总替代率在40%左右。要让退休者退休金水平达到60%—80%的水平，单靠社会养老保险制度养老不具有可持续性。针对企业年金（职业年金）发展缓慢，基本养老保险基金收支压力的情况，财政部、国家税务总局对个人储蓄型养老保险进行了有益探索，自2018年5月1日起，个人税收递延型商业养老保险试点在上海市、福建省（含厦门市）和苏州工业园区实施。今年以来，中央多次呼吁要加快发展个人养老金制度。由此可见，“只靠一条腿走路”的养老保险体系已经一去不复返，“三足鼎立”下的养老保险体系才是中国城镇职工养老保险系统持续性发展的关键。

（五）进一步壮大我国社会保障战略储备基金

中国社会保障战略储备基金，是国家重要的战略储备，主要任务是应付历史债务和缓解由于人口老龄化带来的财政压力。其资金来源主要有四个途径：中央财政预算拨款、国有股减转持资金、彩票公益金以及基金投资收入。该基金2000年建立的时候总资本仅200亿元，到2021年已经达到了2.4万亿元，年均收益率在7%以上，基金运营总体稳健。未来我国社会养老保险基础养老金能否按时足额发放，主要基于：第一，尽量争取养老基金收支的年度当期平衡。第二，历史积累。到2020年年底，我国基本养老金累计结余4.7万亿元。第三，财政补助。历年来，中央财政对养老基金的补助力度持续加大，2020年达到了5800多亿元。中国社会保障战略储备基金是最后一道防线。进一步壮大中国社会保障战略储备基金，对于缓解老龄化高峰时的养老金支付压力，具有重要的意义。

参考文献

1. Andrews. D. Some Guiding Principles for the Development of Self - Adjusting Mechanisms for Sustainable Retirement Systems [C]. International Conference of Social Security Actuaries and statisticians, Ottawa, Canada, 16 - 18 September, 2009.

2. Auerbach, A. and Lee, R. Notional defined contribution pension systems in a stochastic context: Design and stability [J]. Natinal Breau Economic Research. Working Papers 12805, 2006.

3. Billing, A. Millette, M. Survey on Self - adjustment Mechanisms for Social Security and Employer Sponsored Pension Plans: Summary of Findings and Conclusions [C]. Intemational Conference of Docial Security Actuaries and Statistcians, Ottawa, Canada, 16 - 18 September, 2009.

4. Brown, R. L. Designing a social security pension system [J]. International Social Security Review, 2008, 61 (1): 61 - 79.

5. Ferh, H. and Habermann, C. Pension reform and demographic uncertainty: The case of Germany [J]. The Journal of Pension Economics and Finance, 2006, 5 (1): 69 - 90.

6. Furman, J. Coping with demographic uncertainty [R]. John Brademas Center for the Study of Congress: Research Brief 2, 2007.

7. Hietaniemi, M. and Ritola, S. The Finnish Pension System [R]. Ela keturvakeskus, Finland: Finnish Centre of Pensions, 2007.

8. Knell, M. Demographic adjustment factors for sustainable PAYG pension systems [R]. Oesterreichische Nationalbank, Economic Studies Division, Mimeo, 2005.

9. Lassila, J. and Valkonen, T. Putting a Swedish brake on pension benefits [R]. Elinkeinoelaman Tutkimuslaitos – ETLA (The Research Institute of the Finnish Economy), 2007.

10. Lassila, J. and Valkonen, T. The Finnish pension reform of 2005 [M]. The Geneva Papers on Risk and Insurance – Issues and Practice, 2007, 32 (1): 75 –94.

11. Lindell, C. Longevity is increasing——What about the retirement age? [R]. Finnish Centre for Pensions, WP –6, 2004.

12. OECD. OECD Pensions Outlook 2012 [R]. OECD Publishing, 2012.

13. Ono, M. Applying Swedish "Automatic Balance Mechanism" to Japanese Population [C]. paper presented at 2nd PBSS Colloquium, 21 –23 May, 2007, Helsinki, Finland.

14. Population Division of the Department of Economic and Social Affairs of United Nations Secretariat. World Population Prospects: The 2012 Revision [M]. http://esa.un.org/unpd/wpp/index.htm.

15. Robalino, D. A. and Bodor, A. On the financial sustainability of earnings –related pension schemes with 'pay – as – you – go' financing and the role of government – indexed bonds [J]. The Journal of Pension Economics and Finance, Published online by Cambridge University Press, 16 November 2007, doi: 10.1017/S1474747207003186, 2008.

16. Robert Holzmann, Edward E. Palmer. A Market Method to Endow NDC Systems with Automatic Financial Stability. Pension Reform [M]. The World Bank Washing, D. C. 2003: 149 –162.

17. Sakamoto, J. Japan's pension reform, Social protection discussion paper 0541, The World Bank Washing, D. C. 2005.

18. Sakamoto, J. Roles of the social security pension schemes and the minimum benefit level under the automatic balancing mechanism [C]. Nomura Research Papers No. 125, 2008.

19. Settergren, O. The automatic balance mechanism of the Swedish pension system——A non – technical introduction [J]. Wirtschafts politische Blätter 4/2001: 339 –349.

20. Turner, J. A. Autopilot: Self – Adjusting Mechanisms for Sustainable Re-

tirement Systems [J]. 2007. Avaiable at: http: //retirement2020. soa. org/Files/self - adjustment - mechanisms8. pdf.

21. Tumer. J. A. Social Security Financing: Automatic Adjustments to Restore Solvency [R]. AARP Research Report 01, 2009.

22. Whitehouse, E. New indicators of 30 OECD countries pension systems [J]. The Journal of Pension Economics and Finance, 2006, 5 (3): 275 - 298.

23. 米海杰，王晓军．养老保险可持续发展调整机制研究 [J]. 统计研究，2014 (5).

24. 李佳等．河北省被征地农民养老保险待遇调整探索 [J]. 保险研究，2010 (6).

25. 林义，邱添．国外养老待遇调整谁说了算 [J]. 中国社会保障，2011 (7).

26. 赵巍巍，欧盟．养老金待遇调整大同小异 [J]. 中国社会保障，2011 (8).

27. 薛惠元，王翠琴．现收现付制与基金制的养老保险制度成本比较——基于养老保险收支平衡数理模型 [J]. 保险研究，2009 (11).

28. 王鉴岗．养老保险收支平衡及其影响因素分析 [J]. 人口学刊，2000 (2).

29. 李茹兰，迟燕荣．我国养老保险基金个人账户收支平衡模型及实证分析 [J]. 经济与管理评论，2013 (5).

30. 吕志勇，王霞，张良．新政策下养老保险基金收支平衡精算模型的相关因素分析——以山东省为例 [J]. 山东大学学报，2009 (1).

31. 施岚．养老金正常调整机制与养老负担关系分析 [J]. 人口与经济，2012 (3).

32. 何文炯，洪蕾，陈新彦．职工基本养老保险待遇调整效应分析 [J]. 中国人口科学，2012 (3).

33. 卢昱昕，万磊，石玉建．城乡居民养老保险待遇调整的精算分析 [J]. 中国社会保障，2013 (4).

34. 吕志勇．我国基本养老保险金正常调整机制模型研究 [J]. 山东社会科学，2009 (12).

35. 杨植强，郭林等．瑞典名义账户制养老金制度精算要素研究 [J]. 华中科技大学学报，2011 (5).

36. 李箐，何自立．替代瑞典 ABM 与市场相融合的自动财务稳定机制 IFM 设计［J］．现代财经，2011（1）．

37. 张迎斌等．我国基本养老金隐性债务变化趋势分析——基于改进精算测算模型的实证研究［J］．中国管理科学，2013（5）．

38. 林义，蹇滨徽．OECD 国家公共养老金待遇自动调整机制的经验及启示［J］．探索，2019（2）．

39. 房连泉．建立可持续的基本养老保险待遇指数化调整机制研究——来自国际案例的经验启示［J］．人口学刊，2018（5）．

40. 周娅娜等．城镇职工基本养老金调整方案设计与检验［J］．保险研究，2017（9）．

41. 严博文．财务可持续视角下的养老保险自动调整机制研究——基于 OECD 典型国家的经验借鉴［D］．西南财经大学博士论文，2019．

42. 景鹏，胡秋明．企业职工基本养老保险统筹账户缴费率潜在下调空间研究［J］．中国人口科学，2017（1）：21－33．

43. 周娅娜等．城镇职工基本养老金调整方案设计与检验［J］．保险研究，2017（5）．

44. 翁仁木，段迎君．国外公共养老金调整机制比较研究［J］．西北人口，2015（6）．

45. 董克用，施文凯．美国社会保障退休金确定机制［J］．人口与经济，2021（1）．

46. 穆怀中等．人口预期寿命延长、养老金保障风险与政策回应［J］．人口研究，2021（1）．

47. 袁中美．养老金待遇调整研究述评［J］．社会保障研究，2016（1）．

48. 袁中美．我国基本养老金调整政策比较及优化研究［J］．兰州学刊，2018（4）．

49. 薛惠元，郭文尧．城镇职工基本养老保险基金收支状况、面临风险及应对策略［J］．经济纵横，2017（12）．

50. 贾月伟，徐东方．国外典型国家养老金待遇自动调整机制的经验及启示［J］．产业经济创新，2020（3）．

51. 张松彪．全国统筹背景下省级养老金调整政策协调研究［J］．消费经济，2020（8）．

52. 江俊．我国城镇职工基本养老金的指数化调整机制研究［J］．劳动保障世界，2018（36）.

53. 兰虹，陈鑫玮．我国基本养老金调整机制存在问题及优化策略研究［J］. 西部经济管理论坛，2015（5）.

54. 柳清瑞．养老金替代率的自动调整机制研究［J］. 中国人口科学，2005（3）.

55. 尤阳．中国养老金指数化调整制度研究［D］. 内蒙古财经大学硕士论文，2016.

56. 景鹏等．预期寿命、老年照料与经济增长［J］. 经济学动态，2021（2）.

57. 刘桂莲，房连泉．OECD 国家公共养老金调整机制变迁与新发展［J］. 兰州学刊，2017（2）.

附　　录

附录1

中国人身保险业经验生命表（2010—2013）

年龄	非养老类业务一表		非养老类业务二表		养老类业务表	
	男（CL1）	女（CL2）	男（CL3）	女（CL4）	男（CL5）	女（CL6）
0	0.000867	0.00062	0.00062	0.000455	0.000566	0.000453
1	0.000615	0.000456	0.000465	0.000324	0.000386	0.000289
2	0.000445	0.000337	0.000353	0.000236	0.000268	0.000184
3	0.000339	0.000256	0.000278	0.00018	0.000196	0.000124
4	0.00028	0.000203	0.000229	0.000149	0.000158	0.000095
5	0.000251	0.00017	0.0002	0.000131	0.000141	0.000084
6	0.000237	0.000149	0.000182	0.000119	0.000132	0.000078
7	0.000233	0.000137	0.000172	0.00011	0.000129	0.000074
8	0.000238	0.000133	0.000171	0.000105	0.000131	0.000072
9	0.00025	0.000136	0.000177	0.000103	0.000137	0.000072
10	0.000269	0.000145	0.000187	0.000103	0.000146	0.000074
11	0.000293	0.000157	0.000202	0.000105	0.000157	0.000077
12	0.000319	0.000172	0.00022	0.000109	0.00017	0.00008
13	0.000347	0.000189	0.00024	0.000115	0.000184	0.000085
14	0.000375	0.000206	0.000261	0.000121	0.000197	0.00009
15	0.000402	0.000221	0.00028	0.000128	0.000208	0.000095
16	0.000427	0.000234	0.000298	0.000135	0.000219	0.0001
17	0.000449	0.000245	0.000315	0.000141	0.000227	0.000105
18	0.000469	0.000255	0.000331	0.000149	0.000235	0.00011

续表

年龄	非养老类业务一表		非养老类业务二表		养老类业务表	
	男（CL1）	女（CL2）	男（CL3）	女（CL4）	男（CL5）	女（CL6）
19	0.000489	0.000262	0.000346	0.000156	0.000241	0.000115
20	0.000508	0.000269	0.000361	0.000163	0.000248	0.00012
21	0.000527	0.000274	0.000376	0.00017	0.000256	0.000125
22	0.000547	0.000279	0.000392	0.000178	0.000264	0.000129
23	0.000568	0.000284	0.000409	0.000185	0.000273	0.000134
24	0.000591	0.000289	0.000428	0.000192	0.000284	0.000139
25	0.000615	0.000294	0.000448	0.0002	0.000297	0.000144
26	0.000644	0.0003	0.000471	0.000208	0.000314	0.000149
27	0.000675	0.000307	0.000497	0.000216	0.000333	0.000154
28	0.000711	0.000316	0.000526	0.000225	0.000354	0.00016
29	0.000751	0.000327	0.000558	0.000235	0.000379	0.000167
30	0.000797	0.00034	0.000595	0.000247	0.000407	0.000175
31	0.000847	0.000356	0.000635	0.000261	0.000438	0.000186
32	0.000903	0.000374	0.000681	0.000277	0.000472	0.000198
33	0.000966	0.000397	0.000732	0.000297	0.000509	0.000213
34	0.001035	0.000423	0.000788	0.000319	0.000549	0.000231
35	0.001111	0.000454	0.00085	0.000346	0.000592	0.000253
36	0.001196	0.000489	0.000919	0.000376	0.000639	0.000277
37	0.00129	0.00053	0.000995	0.000411	0.00069	0.000305
38	0.001395	0.000577	0.001078	0.00045	0.000746	0.000337
39	0.001515	0.000631	0.00117	0.000494	0.000808	0.000372
40	0.001651	0.000692	0.00127	0.000542	0.000878	0.00041
41	0.001804	0.000762	0.00138	0.000595	0.000955	0.00045
42	0.001978	0.000841	0.0015	0.000653	0.001041	0.000494
43	0.002173	0.000929	0.001631	0.000715	0.001138	0.00054
44	0.002393	0.001028	0.001774	0.000783	0.001245	0.000589
45	0.002639	0.001137	0.001929	0.000857	0.001364	0.00064
46	0.002913	0.001259	0.002096	0.000935	0.001496	0.000693
47	0.003213	0.001392	0.002277	0.00102	0.001641	0.00075
48	0.003538	0.001537	0.002472	0.001112	0.001798	0.000811

续表

年龄	非养老类业务一表		非养老类业务二表		养老类业务表	
	男（CL1）	女（CL2）	男（CL3）	女（CL4）	男（CL5）	女（CL6）
49	0.003884	0.001692	0.002682	0.001212	0.001967	0.000877
50	0.004249	0.001859	0.002908	0.001321	0.002148	0.00095
51	0.004633	0.002037	0.00315	0.001439	0.00234	0.001031
52	0.005032	0.002226	0.003409	0.001568	0.002544	0.00112
53	0.005445	0.002424	0.003686	0.001709	0.002759	0.001219
54	0.005869	0.002634	0.003982	0.001861	0.002985	0.001329
55	0.006302	0.002853	0.004297	0.002027	0.003221	0.00145
56	0.006747	0.003085	0.004636	0.002208	0.003469	0.001585
57	0.007227	0.003342	0.004999	0.002403	0.003731	0.001736
58	0.00777	0.003638	0.005389	0.002613	0.004014	0.001905
59	0.008403	0.00399	0.005807	0.00284	0.004323	0.002097
60	0.009161	0.004414	0.006258	0.003088	0.00466	0.002315
61	0.010065	0.004923	0.006742	0.003366	0.005034	0.002561
62	0.011129	0.005529	0.007261	0.003684	0.005448	0.002836
63	0.01236	0.006244	0.007815	0.004055	0.005909	0.003137
64	0.013771	0.007078	0.008405	0.004495	0.006422	0.003468
65	0.015379	0.008045	0.009039	0.005016	0.006988	0.003835
66	0.017212	0.009165	0.009738	0.005626	0.00761	0.004254
67	0.019304	0.01046	0.010538	0.006326	0.008292	0.00474
68	0.021691	0.011955	0.011496	0.007115	0.009046	0.005302
69	0.024411	0.013674	0.012686	0.008	0.009897	0.005943
70	0.027495	0.015643	0.014192	0.009007	0.010888	0.00666
71	0.030965	0.017887	0.016106	0.010185	0.01208	0.00746
72	0.034832	0.020432	0.018517	0.011606	0.01355	0.008369
73	0.039105	0.023303	0.02151	0.013353	0.015387	0.009436
74	0.043796	0.026528	0.025151	0.015508	0.017686	0.01073
75	0.048921	0.030137	0.02949	0.018134	0.020539	0.012332
76	0.054506	0.034165	0.034545	0.021268	0.024017	0.014315
77	0.060586	0.038653	0.04031	0.024916	0.028162	0.016734
78	0.067202	0.043648	0.046747	0.029062	0.032978	0.019619

续表

年龄	非养老类业务一表		非养老类业务二表		养老类业务表	
	男（CL1）	女（CL2）	男（CL3）	女（CL4）	男（CL5）	女（CL6）
79	0.0744	0.049205	0.053801	0.033674	0.038437	0.022971
80	0.08222	0.055385	0.061403	0.038718	0.044492	0.02677
81	0.0907	0.062254	0.069485	0.04416	0.051086	0.030989
82	0.099868	0.06988	0.077987	0.049977	0.058173	0.035598
83	0.109754	0.07832	0.086872	0.056157	0.065722	0.040576
84	0.120388	0.087611	0.09613	0.062695	0.073729	0.045915
85	0.131817	0.097754	0.105786	0.069596	0.082223	0.051616
86	0.144105	0.108704	0.1159	0.076863	0.091239	0.057646
87	0.157334	0.120371	0.126569	0.084501	0.1009	0.064084
88	0.171609	0.132638	0.137917	0.092504	0.111321	0.070942
89	0.187046	0.145395	0.150089	0.100864	0.122608	0.078241
90	0.203765	0.158572	0.163239	0.109567	0.13487	0.086003
91	0.221873	0.172172	0.177519	0.118605	0.148212	0.094249
92	0.241451	0.186294	0.193067	0.127985	0.162742	0.103002
93	0.262539	0.201129	0.209999	0.137743	0.178566	0.112281
94	0.285129	0.21694	0.228394	0.147962	0.195793	0.122109
95	0.30916	0.234026	0.248299	0.158777	0.214499	0.13254
96	0.334529	0.252673	0.269718	0.17038	0.23465	0.143757
97	0.361101	0.273112	0.292621	0.18302	0.25618	0.155979
98	0.388727	0.295478	0.316951	0.196986	0.279025	0.169421
99	0.417257	0.319794	0.342628	0.212604	0.30312	0.184301
100	0.446544	0.345975	0.369561	0.230215	0.328401	0.200836
101	0.476447	0.373856	0.397652	0.250172	0.354803	0.219242
102	0.50683	0.403221	0.426801	0.272831	0.382261	0.239737
103	0.537558	0.433833	0.456906	0.298551	0.41071	0.262537
104	0.568497	0.465447	0.487867	0.327687	0.440086	0.287859
105	1	1	1	1	1	1

附录 2

国务院关于完善企业职工基本养老保险制度的决定

国发〔2005〕38 号

各省、自治区、直辖市人民政府，国务院各部委、各直属机构：

近年来，各地区和有关部门按照党中央、国务院关于完善企业职工基本养老保险制度的部署和要求，以确保企业离退休人员基本养老金按时足额发放为中心，努力扩大基本养老保险覆盖范围，切实加强基本养老保险基金征缴，积极推进企业退休人员社会化管理服务，各项工作取得明显成效，为促进改革、发展和维护社会稳定发挥了重要作用。但是，随着人口老龄化、就业方式多样化和城市化的发展，现行企业职工基本养老保险制度还存在个人账户没有做实、计发办法不尽合理、覆盖范围不够广泛等不适应的问题，需要加以改革和完善。为此，在充分调查研究和总结东北三省完善城镇社会保障体系试点经验的基础上，国务院对完善企业职工基本养老保险制度作出如下决定：

一、完善企业职工基本养老保险制度的指导思想和主要任务。以邓小平理论和“三个代表”重要思想为指导，认真贯彻党的十六大和十六届三中、四中、五中全会精神，按照落实科学发展观和构建社会主义和谐社会的要求，统筹考虑当前和长远的关系，坚持覆盖广泛、水平适当、结构合理、基金平衡的原则，完善政策，健全机制，加强管理，建立起适合我国国情，实现可持续发展的基本养老保险制度。主要任务是：确保基本养老金按时足额发放，保障离退休人员基本生活；逐步做实个人账户，完善社会统筹与个人账户相结合的基本制度；统一城镇个体工商户和灵活就业人员参保缴费政策，扩大覆盖范围；改革基本养老金计发办法，建立参保缴费的激励约束机制；根据经济发展水平和各方面承受能力，合理确定基本养老金水平；建立多层次养老保险体系，划清中央与地方、政府与企业及个人的责任；加强基本养老保险基金征缴和监管，完善多渠道筹资机制；进一步做好退休人员社会化管理工作，提高服务水平。

二、确保基本养老金按时足额发放。要继续把确保企业离退休人员基本养老金按时足额发放作为首要任务，进一步完善各项政策和工作机制，确保离退休人员基本养老金按时足额发放，不得发生新的基本养老金拖欠，切实保障离退休人员的合法权益。对过去拖欠的基本养老金，各地要根据《中共中央办公厅国务院办公厅关于进一步做好补发拖欠基本养老金和企业调整工资工作的通知》要求，认真加以解决。

三、扩大基本养老保险覆盖范围。城镇各类企业职工、个体工商户和灵活就业人员都要参加企业职工基本养老保险。当前及今后一个时期，要以非公有制企业、城镇个体工商户和灵活就业人员参保工作为重点，扩大基本养老保险覆盖范围。要进一步落实国家有关社会保险补贴政策，帮助就业困难人员参保缴费。城镇个体工商户和灵活就业人员参加基本养老保险的缴费基数为当地上年度在岗职工平均工资，缴费比例为20%，其中8%记入个人账户，退休后按企业职工基本养老金计发办法计发基本养老金。

四、逐步做实个人账户。做实个人账户，积累基本养老保险基金，是应对人口老龄化的重要举措，也是实现企业职工基本养老保险制度可持续发展的重要保证。要继续抓好东北三省做实个人账户试点工作，抓紧研究制订其他地区扩大做实个人账户试点的具体方案，报国务院批准后实施。国家制订个人账户基金管理和投资运营办法，实现保值增值。

五、加强基本养老保险基金征缴与监管。要全面落实《社会保险费征缴暂行条例》的各项规定，严格执行社会保险登记和缴费申报制度，强化社会保险稽核和劳动保障监察执法工作，努力提高征缴率。凡是参加企业职工基本养老保险的单位和个人，都必须按时足额缴纳基本养老保险费；对拒缴、瞒报少缴基本养老保险费的，要依法处理；对欠缴基本养老保险费的，要采取各种措施，加大追缴力度，确保基本养老保险基金应收尽收。各地要按照建立公共财政的要求，积极调整财政支出结构，加大对社会保障的资金投入。

基本养老保险基金要纳入财政专户，实行收支两条线管理，严禁挤占挪用。要制定和完善社会保险基金监督管理的法律法规，实现依法监督。各省、自治区、直辖市人民政府要完善工作机制，保证基金监管制度的顺利实施。要继续发挥审计监督、社会监督和舆论监督的作用，共同维护基金安全。

六、改革基本养老金计发办法。为与做实个人账户相衔接，从2006年1月1日起，个人账户的规模统一由本人缴费工资的11%调整为8%，全部由个人缴费形成，单位缴费不再划入个人账户。同时，进一步完善鼓励职工参保缴费的激励约束机制，相应调整基本养老金计发办法。

《国务院关于建立统一的企业职工基本养老保险制度的决定》（国发〔1997〕26号）实施后参加工作、缴费年限（含视同缴费年限，下同）累计满15年的人员，退休后按月发给基本养老金。基本养老金由基础养老金和个人账户养老金组成。退休时的基础养老金月标准以当地上年度在岗职工月平均工资和本人指数化月平均缴费工资的平均值为基数，缴费每满1年发给1%。个人账户养老金月标准为个人账户储存额除以计发月数，计发月数根据职工退休时城镇人口平均预期寿命、本人退休年龄、利息等因素确定。（详见附件）

国发〔1997〕26号文件实施前参加工作，本决定实施后退休且缴费年限累计满15年的人员，在发给基础养老金和个人账户养老金的基础上，再发给过渡性养老金。各省、自治区、直辖市人民政府要按照待遇水平合理衔接、新老政策平稳过渡的原则，在认真测算的基础上，制订具体的过渡办法，并报劳动保障部、财政部备案。

本决定实施后到达退休年龄但缴费年限累计不满15年的人员，不发给基础养老金；个人账户储存额一次性支付给本人，终止基本养老保险关系。

本决定实施前已经离退休的人员，仍按国家原来的规定发给基本养老金，同时执行基本养老金调整办法。

七、建立基本养老金正常调整机制。根据职工工资和物价变动等情况，国务院适时调整企业退休人员基本养老金水平，调整幅度为省、自治区、直辖市当地企业在岗职工平均工资年增长率的一定比例。各地根据本地实际情况提出具体调整方案，报劳动保障部、财政部审批后实施。

八、加快提高统筹层次。进一步加强省级基金预算管理，明确省、市、县各级人民政府的责任，建立健全省级基金调剂制度，加大基金调剂力度。在完善市级统筹的基础上，尽快提高统筹层次，实现省级统筹，为构建全国统一的劳动力市场和促进人员合理流动创造条件。

九、发展企业年金。为建立多层次的养老保险体系，增强企业的人才竞争能力，更好地保障企业职工退休后的生活，具备条件的企业可为职工建立企业年金。企业年金基金实行完全积累，采取市场化的方式进行管理和运营。要切实做好企业年金基金监管工作，实现规范运作，切实维护企业和职工的利益。

十、做好退休人员社会化管理服务工作。要按照建立独立于企业事业单位之外社会保障体系的要求，继续做好企业退休人员社会化管理工作。要加强街道、社区劳动保障工作平台建设，加快公共老年服务设施和服务网络建设，条件具备的地方，可开展老年护理服务，兴建退休人员公寓，为退休人员提供更多更好的服务，不断提高退休人员的生活质量。

十一、不断提高社会保险管理服务水平。要高度重视社会保险经办能力建设，加快社会保障信息服务网络建设步伐，建立高效运转的经办管理服务体系，把社会保险的政策落到实处。各级社会保险经办机构要完善管理制度，制定技术标准，规范业务流程，实现规范化、信息化和专业化管理。同时，要加强人员培训，提高政治和业务素质，不断提高工作效率和服务质量。

完善企业职工基本养老保险制度是构建社会主义和谐社会的重要内容，事关改革发展稳定的大局。各地区和有关部门要高度重视，加强领导，精心组织实施，研究制订具体的实施意见和办法，并报劳动保障部备案。劳动保障部要会同有关部门加强指导和监督检查，及时研究解决工作中遇到的问题，确保本决定的贯彻实施。

本决定自发布之日起实施，已有规定与本决定不一致的，按本决定执行。

附件：个人账户养老金计发月数表

国务院

二〇〇五年十二月三日

附录3

国务院关于机关事业单位工作人员养老保险制度改革的决定

国发〔2015〕2号

各省、自治区、直辖市人民政府，国务院各部委、各直属机构：

按照党的十八大和十八届三中、四中全会精神，根据《中华人民共和国社会保险法》等相关规定，为统筹城乡社会保障体系建设，建立更加公平、可持续的养老保险制度，国务院决定改革机关事业单位工作人员养老保险制度。

一、改革的目标和基本原则。以邓小平理论、“三个代表”重要思想、科学发展观为指导，深入贯彻党的十八大、十八届三中、四中全会精神和党中央、国务院决策部署，坚持全覆盖、保基本、多层次、可持续方针，以增强公平性、适应流动性、保证可持续性为重点，改革现行机关事业单位工作人员退休保障制度，逐步建立独立于机关事业单位之外、资金来源多渠道、保障方式多层次、管理服务社会化的养老保险体系。改革应遵循以下基本原则：

（一）公平与效率相结合。既体现国民收入再分配更加注重公平的要求，又体现工作人员之间贡献大小差别，建立待遇与缴费挂钩机制，多缴多得、长缴多得，提高单位和职工参保缴费的积极性。

（二）权利与义务相对应。机关事业单位工作人员要按照国家规定切实履行缴费义务，享受相应的养老保险待遇，形成责任共担、统筹互济的养老保险筹资和分配机制。

（三）保障水平与经济发展水平相适应。立足社会主义初级阶段基本国情，合理确定基本养老保险筹资和待遇水平，切实保障退休人员基本生活，促进基本养老保险制度可持续发展。

（四）改革前与改革后待遇水平相衔接。立足增量改革，实现平稳过渡。对改革前已退休人员，保持现有待遇并参加今后的待遇调整；对改革后参加工作的人员，通过建立新机制，实现待遇的合理衔接；对改革前参加工作、改革后退休的人员，通过实行过渡性措施，保持待遇水平不降低。

（五）解决突出矛盾与保证可持续发展相促进。统筹规划、合理安排、量力而行，准确把握改革的节奏和力度，先行解决目前城镇职工基本养老保险制度不统一的突出矛盾，再结合养老保险顶层设计，坚持精算平衡，逐步完善相关制度和政策。

二、改革的范围。本决定适用于按照公务员法管理的单位、参照公务员法管理的机关（单位）、事业单位及其编制内的工作人员。

三、实行社会统筹与个人账户相结合的基本养老保险制度。基本养老保险费由单位和个人共同负担。单位缴纳基本养老保险费（以下简称单位缴费）的比例为本单位工资总额的20%，个人缴纳基本养老保险费（以下简称个人缴费）的比例为本人缴费工资的8%，由单位代扣。按本人缴费工资8%的数额建立基本养老保险个人账户，全部由个人缴费形成。个人工资超过当地上年度在岗职工平均工资300%以上的部分，不计入个人缴费工资基数；低于当地上年度在岗职工平均工资60%的，按当地在岗职工平均工资的60%计算个人缴费工资基数。

个人账户储存额只用于工作人员养老，不得提前支取，每年按照国家统一公布的记账利率计算利息，免征利息税。参保人员死亡的，个人账户余额可以依法继承。

四、改革基本养老金计发办法。本决定实施后参加工作、个人缴费年限累计满15年的人员，退休后按月发给基本养老金。基本养老金由基础养老金和个人账户养老金组成。退休时的基础养老金月标准以当地上年度在岗职工月平均工资和本人指数化月平均缴费工资的平均值为基数，缴费每满1年发给1%。个人账户养老金月标准为个人账户储存额除以计发月数，计发月数根据本人退休时城镇人口平均预期寿命、本人退休年龄、利息等因素确定（详见附件）。

本决定实施前参加工作、实施后退休且缴费年限（含视同缴费年限，下同）累计满15年的人员，按照合理衔接、平稳过渡的原则，在发给基础养老金和个人账户养老金的基础上，再依据视同缴费年限长短发给过渡性养老金。具体办法由人力资源社会保障部会同有关部门制定并指导实施。

本决定实施后达到退休年龄但个人缴费年限累计不满15年的人员，其基本养老保险关系处理和基本养老金计发比照《实施〈中华人民共和国社会保险法〉若干规定》（人力资源社会保障部令第13号）执行。

本决定实施前已经退休的人员，继续按照国家规定的原待遇标准发放基本养老金，同时执行基本养老金调整办法。

机关事业单位离休人员仍按照国家统一规定发给离休费，并调整相关待遇。

五、建立基本养老金正常调整机制。根据职工工资增长和物价变动等情况，统筹安排机关事业单位和企业退休人员的基本养老金调整，逐步建立兼顾各类人员的养老保险待遇正常调整机制，分享经济社会发展成果，保障退休人员基本生活。

六、加强基金管理和监督。建立健全基本养老保险基金省级统筹；暂不具备条件的，可先实行省级基金调剂制度，明确各级人民政府征收、管理和支付的责任。机关事业单位基本养老保险基金单独建账，与企业职工基本养老保险基金分别管理使用。基金实行严格的预算管理，纳入社会保障基金财政专户，实行收支两条线管理，专款专用。依法加强基金监管，确保基金安全。

七、做好养老保险关系转移接续工作。参保人员在同一统筹范围内的机关事业单位之间流动，只转移养老保险关系，不转移基金。参保人员跨统筹范围流动或在机关事业单位与企业之间流动，在转移养老保险关系的同时，基本养老保险个人账户储存额随同转移，并以本人改革后各年度实际缴费工资为基数，按12%的总和转移基金，参保缴费不足1年的，按实际缴费月数计算转移基金。转移后基本养老保险缴费年限（含视同缴费年限）、个人账户储存额累计计算。

八、建立职业年金制度。机关事业单位在参加基本养老保险的基础上，应当为其工作人员建立职业年金。单位按本单位工资总额的8%缴费，个人按本人缴费工资的4%缴费。工作人员退休后，按月领取职业年金待遇。职业年金的具体办法由人力资源社会保障部、财政部制定。

九、建立健全确保养老金发放的筹资机制。机关事业单位及其工作人员应按规定及时足额缴纳养老保险费。各级社会保险征缴机构应切实加强基金征缴，做到应收尽收。各级政府应积极调整和优化财政支出结构，加大社会保障资金投入，确保基本养老金按时足额发放，同时为建立职业年金制度提供相应的经费保障，确保机关事业单位养老保险制度改革平稳推进。

十、逐步实行社会化管理服务。提高机关事业单位社会保险社会化管理服务水平，普遍发放全国统一的社会保障卡，实行基本养老金社会化发放。加强街道、社区人力资源社会保障工作平台建设，加快老年服务设施和服务网络建设，为退休人员提供方便快捷的服务。

十一、提高社会保险经办管理水平。各地要根据机关事业单位工作人员养老保险制度改革的实际需要，加强社会保险经办机构能力建设，适当充实工作人员，提供必要的经费和服务设施。人力资源社会保障部负责在京中央国家机关及所属事业单位基本养老保险的管理工作，同时集中受托管理其职业年金基金。中央国家机关所属京外单位的基本养老保险实行属地化管理。社会保险经办机构应做好机关事业单位养老保险参保登记、缴费申报、关系转移、待遇核定和支付等工作。要按照国家统一制定的业务经办流程和信息管理系统建设要求，建立健全管理制度，由省级统一集中管理数据资源，实现规范化、信息化和专业化管理，不断提高工作效率和服务质量。

十二、加强组织领导。改革机关事业单位工作人员养老保险制度，直接关系广大机关事业单位工作人员的切身利益，是一项涉及面广、政策性强的工作。各地区、各部门要充分认识改革工作的重大意义，切实加强领导，精心组织实施，向机关事业单位工作人员和社会各界准确解读改革的目标和政策，正确引导舆论，确保此项改革顺利进行。各地区、各部门要按照本决定制定具体的实施意见和办法，报人力资源社会保障部、财政部备案后实施。人力资源社会保障部要会同有关部门制定贯彻本决定的实施意见，加强对改革工作的协调和指导，及时研究解决改革中遇到的问题，确保本决定的贯彻实施。

本决定自 2014 年 10 月 1 日起实施，已有规定与本决定不一致的，按照本决定执行。

附件：个人账户养老金计发月数表

国务院

2015 年 1 月 3 日

附录4

国务院关于建立统一的城乡居民基本养老保险制度的意见

国发〔2014〕8号

各省、自治区、直辖市人民政府，国务院各部委、各直属机构：

按照党的十八大精神和十八届三中全会关于整合城乡居民基本养老保险制度的要求，依据《中华人民共和国社会保险法》有关规定，在总结新型农村社会养老保险（以下简称新农保）和城镇居民社会养老保险（以下简称城居保）试点经验的基础上，国务院决定，将新农保和城居保两项制度合并实施，在全国范围内建立统一的城乡居民基本养老保险（以下简称城乡居民养老保险）制度。现提出以下意见：

一、指导思想

高举中国特色社会主义伟大旗帜，以邓小平理论、“三个代表”重要思想、科学发展观为指导，贯彻落实党中央和国务院的各项决策部署，按照全覆盖、保基本、有弹性、可持续的方针，以增强公平性、适应流动性、保证可持续性为重点，全面推进和不断完善覆盖全体城乡居民的基本养老保险制度，充分发挥社会保险对保障人民基本生活、调节社会收入分配、促进城乡经济社会协调发展的重要作用。

二、任务目标

坚持和完善社会统筹与个人账户相结合的制度模式，巩固和拓宽个人缴费、集体补助、政府补贴相结合的资金筹集渠道，完善基础养老金和个人账户养老金相结合的待遇支付政策，强化长缴多得、多缴多得等制度的激励机制，建立基础养老金正常调整机制，健全服务网络，提高管理水平，为参保居民提供方便快捷的服务。“十二五”末，在全国基本实现新农保和城居保制度合并实施，并与职工基本养老保险制度相衔接。2020年前，全面建成公平、统一、规范的城乡居民养老保险制度，与社会救助、社会福利等其他社会保障政策相配套，充分发挥家庭养老等传统保障方式的积极作用，更好保障参保城乡居民的老年基本生活。

三、参保范围

年满16周岁（不含在校学生），非国家机关和事业单位工作人员及不属于职工基本养老保险制度覆盖范围的城乡居民，可以在户籍地参加城乡居民养老保险。

四、基金筹集

城乡居民养老保险基金由个人缴费、集体补助、政府补贴构成。

（一）个人缴费。

参加城乡居民养老保险的人员应当按规定缴纳养老保险费。缴费标准目前设为每年100元、200元、300元、400元、500元、600元、700元、800元、900元、1000元、1500元、2000元12个档次，省（区、市）人民政府可以根据实际情况增设缴费档次，最高缴费档次标准原则上不超过当地灵活就业人员参加职工基本养老保险的年缴费额，并报人力资源社会保障部备案。人力资源社会保障部会同财政部依据城乡居民收入增长等情况适时调整缴费档次标准。参保人自主选择档次缴费，多缴多得。

（二）集体补助。

有条件的村集体经济组织应当对参保人缴费给予补助，补助标准由村民委员会召开村民会议民主确定，鼓励有条件的社区将集体补助纳入社区公益事业资金筹集范围。鼓励其他社会经济组织、公益慈善组织、个人为参保人缴费提供资助。补助、资助金额不超过当地设定的最高缴费档次标准。

（三）政府补贴。

政府对符合领取城乡居民养老保险待遇条件的参保人全额支付基础养老金，其中，中央财政对中西部地区按中央确定的基础养老金标准给予全额补助，对东部地区给予50%的补助。

地方人民政府应当对参保人缴费给予补贴，对选择最低档次标准缴费的，补贴标准不低于每人每年30元；对选择较高档次标准缴费的，适当增加补贴金额；对选择500元及以上档次标准缴费的，补贴标准不低于每人每年60元，具体标准和办法由省（区、市）人民政府确定。对重度残疾人等缴费困难群体，地方人民政府为其代缴部分或全部最低标准的养老保险费。

五、建立个人账户

国家为每个参保人员建立终身记录的养老保险个人账户，个人缴费、地方人民政府对参保人的缴费补贴、集体补助及其他社会经济组织、公益慈善组织、个人对参保人的缴费资助，全部记入个人账户。个人账户储存额按国家规定计息。

六、养老保险待遇及调整

城乡居民养老保险待遇由基础养老金和个人账户养老金构成，支付终身。

（一）基础养老金。

中央确定基础养老金最低标准，建立基础养老金最低标准正常调整机制，根据经济发展和物价变动等情况，适时调整全国基础养老金最低标准。地方人民政府可以根据实际情况适当提高基础养老金标准；对长期缴费的，可适当加发基础养老金，提高和加发部分的资金由地方人民政府支出，具体办法由省（区、市）人民政府规定，并报人力资源社会保障部备案。

（二）个人账户养老金。

个人账户养老金的月计发标准，目前为个人账户全部储存额除以139（与现行职工基本养老保险个人账户养老金计发系数相同）。参保人死亡，个人账户资金余额可以依法继承。

七、养老保险待遇领取条件

参加城乡居民养老保险的个人，年满60周岁、累计缴费满15年，且未领取国家规定的基本养老保障待遇的，可以按月领取城乡居民养老保险待遇。

新农保或城居保制度实施时已年满60周岁，在本意见印发之日前未领取国家规定的基本养老保障待遇的，不用缴费，自本意见实施之月起，可以按月领取城乡居民养老保险基础养老金；距规定领取年龄不足15年的，应逐年缴费，也允许补缴，累计缴费不超过15年；距规定领取年龄超过15年的，应按年缴费，累计缴费不少于15年。

城乡居民养老保险待遇领取人员死亡的，从次月起停止支付其养老金。有条件的地方人民政府可以结合本地实际探索建立丧葬补助金制度。社会保险经办机构应每年对城乡居民养老保险待遇领取人员进行核对；村（居）民委员会要协助社会保险经办机构开展工作，在行政村（社区）范围内对参保人待遇领取资格进行公示，并与职工基本养老保险待遇等领取记录进行比对，确保不重、不漏、不错。

八、转移接续与制度衔接

参加城乡居民养老保险的人员，在缴费期间户籍迁移、需要跨地区转移城乡居民养老保险关系的，可在迁入地申请转移养老保险关系，一次性转移个人账户全部储存额，并按迁入地规定继续参保缴费，缴费年限累计计算；已经按规定领取城乡居民养老保险待遇的，无论户籍是否迁移，其养老保险关系不转移。

城乡居民养老保险制度与职工基本养老保险、优抚安置、城乡居民最低生活保障、农村五保供养等社会保障制度以及农村部分计划生育家庭奖励扶助制度的衔接，按有关规定执行。

九、基金管理和运营

将新农保基金和城居保基金合并为城乡居民养老保险基金，完善城乡居民养老保险基金财务会计制度和各项业务管理规章制度。城乡居民养老保险基金纳入社会保障基金财政专户，实行收支两条线管理，单独记账、独立核算，任何地区、部门、单位和个人均不得挤占挪用、虚报冒领。各地要在整合城乡居民养老保险制度的基础上，逐步推进城乡居民养老保险基金省级管理。

城乡居民养老保险基金按照国家统一规定投资运营，实现保值增值。

十、基金监督

各级人力资源社会保障部门要会同有关部门认真履行监管职责，建立健全内控制度和基金稽核监督制度，对基金的筹集、上解、划拨、发放、存储、管理等进行监控和检查，并按规定披露信息，接受社会监督。财政部门、审计部门按各自职责，对基金的收支、管理和投资运营情况实施监督。对虚报冒领、挤占挪用、贪污浪费等违纪违法行为，有关部门按国家有关法律法规严肃处理。要积极探索有村（居）民代表参加的社会监督的有效方式，做到基金公开透明，制度在阳光下运行。

十一、经办管理服务与信息化建设

省（区、市）人民政府要切实加强城乡居民养老保险经办能力建设，结合本地实际，科学整合现有公共服务资源和社会保险经办管理资源，充实加强基层经办力量，做到精确管理、便捷服务。要注重运用现代管理方式和政府购买服务方式，降低行政成本，提高工作效率。要加强城乡居民养老保险工作人员专业培训，不断提高公共服务水平。社会保险经办机构要认真记录参保人缴费和领取待遇情况，建立参保档案，按规定妥善保存。地方人民政府要为经办机构提供必要的工作场地、设施设备、经费保障。城乡居民养老保险工作经费纳入同级财政预算，不得从城乡居民养老保险基金中开支。基层财政确有困难的地区，省市级财政可给予适当补助。

各地要在现有新农保和城居保业务管理系统基础上，整合形成省级集中的城乡居民养老保险信息管理系统，纳入“金保工程”建设，并与其他公民信息管理系统实现信息资源共享；要将信息网络向基层延伸，实现省、市、县、乡镇（街道）、社区实时联网，有条件的地区可延伸到行政村；要大力推行全国统一的社会保障卡，方便参保人持卡缴费、领取待遇和查询本人参保信息。

十二、加强组织领导和政策宣传

地方各级人民政府要充分认识建立城乡居民养老保险制度的重要性，将其列入当地经济社会发展规划和年度目标管理考核体系，切实加强组织领导；要优化财政支出结构，加大财政投入，为城乡居民养老保险制度建设提供必要的财力保障。各级人力资源社会保障部门要切实履行主管部门职责，会同有关部门做好城乡居民养老保险工作的统筹规划和政策制定、统一管理、综合协调、监督检查等工作。

各地区和有关部门要认真做好城乡居民养老保险政策宣传工作，全面准确地宣传解读政策，正确把握舆论导向，注重运用通俗易懂的语言和群众易于接受的方式，深入基层开展宣传活动，引导城乡居民踊跃参保、持续缴费、增加积累，保障参保人的合法权益。

各省（区、市）人民政府要根据本意见，结合本地区实际情况，制定具体实施办法，并报人力资源社会保障部备案。

本意见自印发之日起实施，已有规定与本意见不一致的，按本意见执行。

国务院

2014 年 2 月 21 日